〔僧侶向け解説〕

歎異抄受託の覚如
聖教化解放の蓮如

――禁書説は誤解の産物

尾野義宗

永田文昌堂

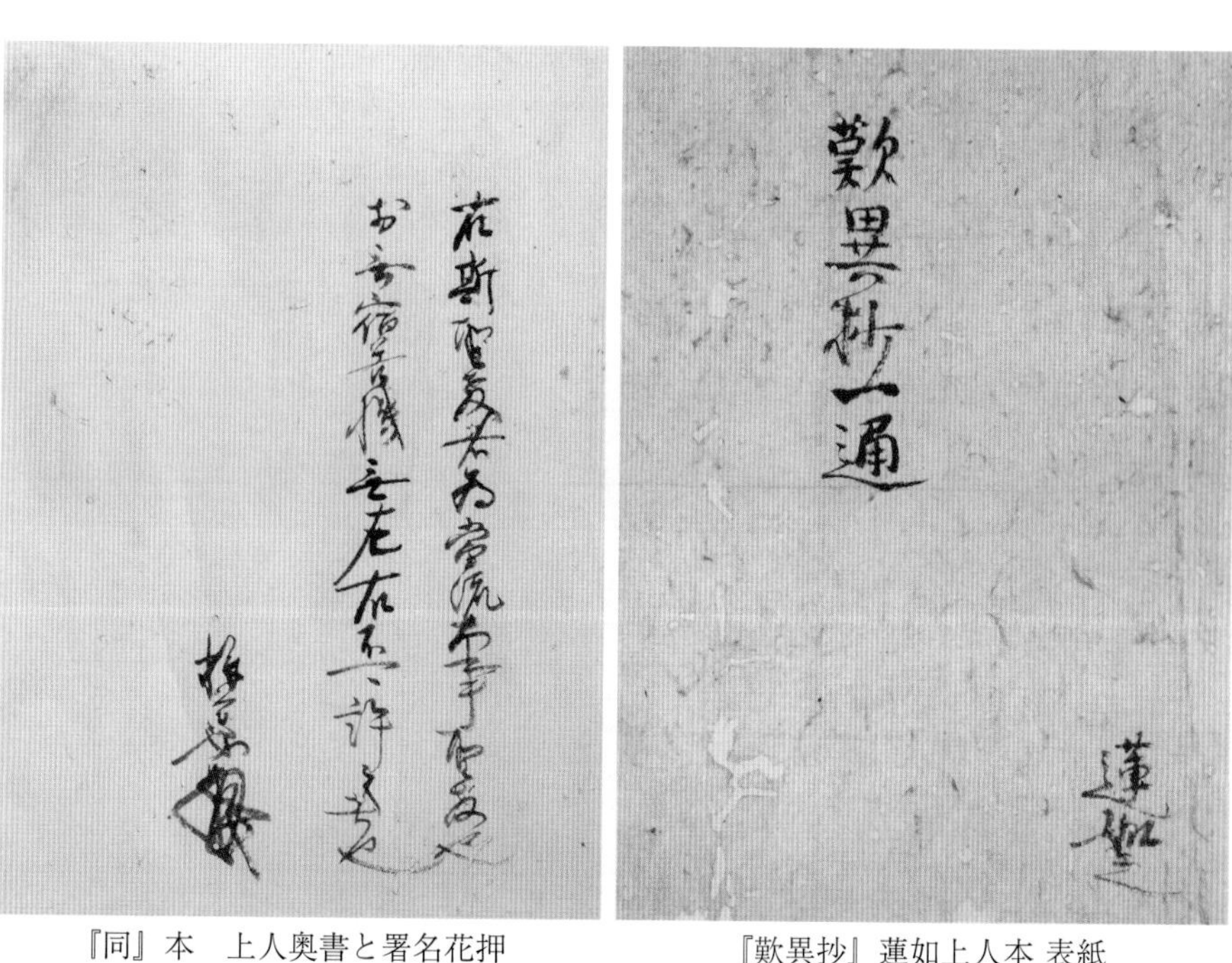

『歎異抄』蓮如上人本 表紙

『同』本　上人奥書と署名花押

『歎異抄』解釈の根本視点・蓮如上人の御指南

（資料篇一―一に引用）

『歎異抄』前後を包む表紙と奥書は、『歎異抄』を直接見られた蓮如上人の直筆の御指南で、同書解釈の根本的な視点です。だが、今まで表紙は無視されてきました。

表紙　「**歎異抄一通　蓮如之**」

「一通」は一通の書簡、「蓮如之」は蓮如上人の個人的所有を示す。「歎異抄」は上人が書簡に付けた名前です。

同書簡は、唯円から義理の甥覚如への「私信」ゆえに、覚如子孫蓮如上人のものでした。

奥書　「**右斯聖教者為当流大事之聖教也**
於無宿善機無左右不可許之者也
釈蓮如　花押　」

・前半は「一通」の私信を『歎異抄』と聖教化したが、更に「当流大事の聖教と為す」という蓮如上人の意志とその押さえです。

・後半は教団中枢部の僧侶に忘れずに伝授せよという第九代実如への注意書きです。蓮如上人が『歎異抄』を解き放った言葉です。

・署名花押は書簡を聖教へ格上げする形式です。

『慕帰絵詞』第三巻　如信の覚如上人への相伝

『歎異抄』原本の発見

『慕帰絵詞』第三巻第三段
（資料篇二―一に引用）

・如信から覚如、並びに、唯円から覚如への浄土真宗の相伝です。二つの相伝の間の「将又」は同等の重要性を示します。

・唯円と覚如上人との対談時の「**日来不審の法文**」の「法文」が「念仏についての法の文〈ふみ〉つまり「私信」の『**歎異抄**』原本です。蓮如上人の御指南「一通」により発見できました。「日来」は前年の如信の仲介・伝来を示します。

・絵図の如信から覚如への相伝時の如信左側の**文箱**が「**法文**」（『**歎異抄**』原本）でしょう。翌年の唯円の相伝が異時同図画法で示されています。

・唯円の相伝と「法文」の「当流の気味を添け」るが、蓮如上人の「当流大事の聖教と為す」へ継承されます。

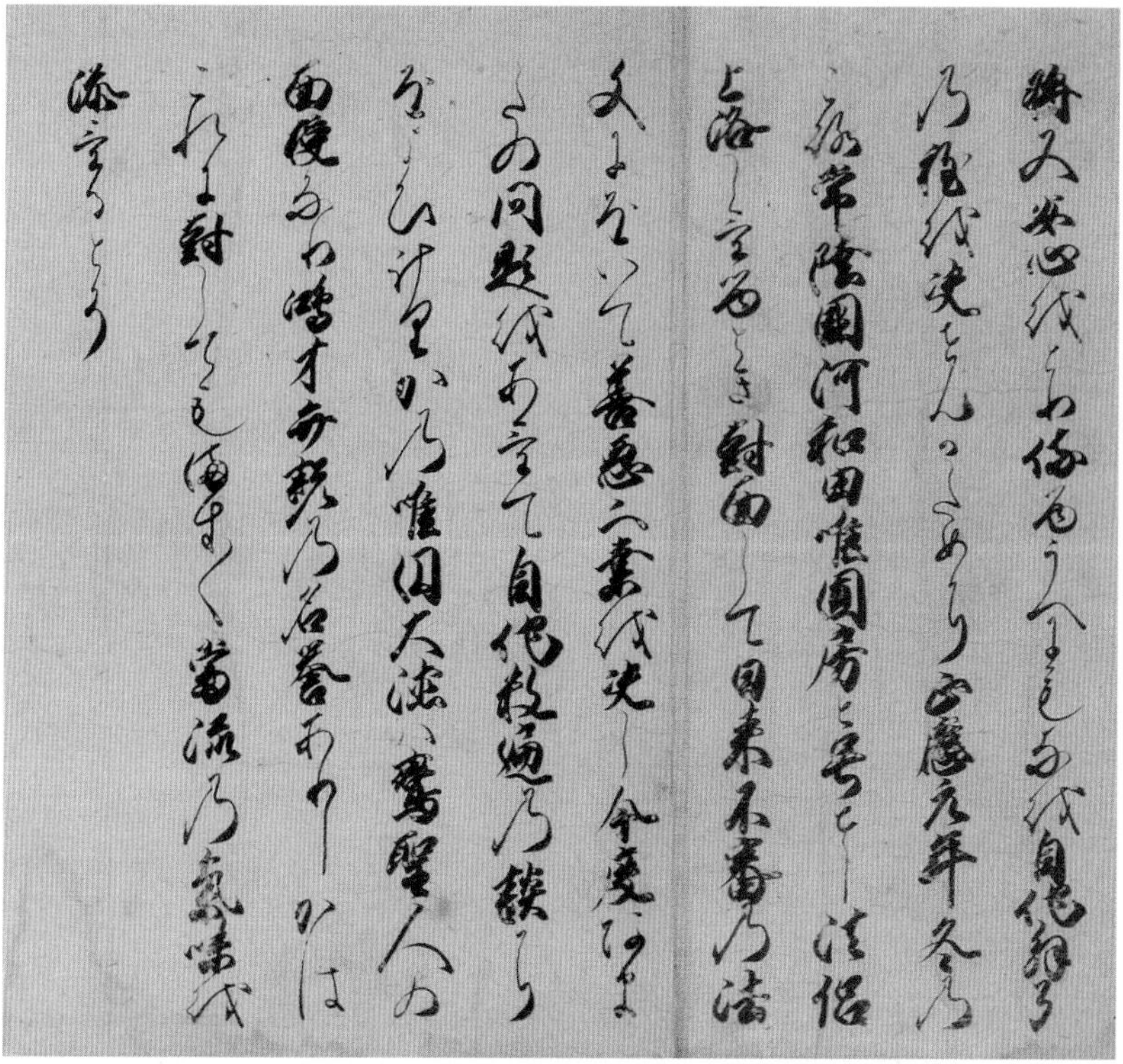

『同』第三巻　唯円の覚如上人への相伝

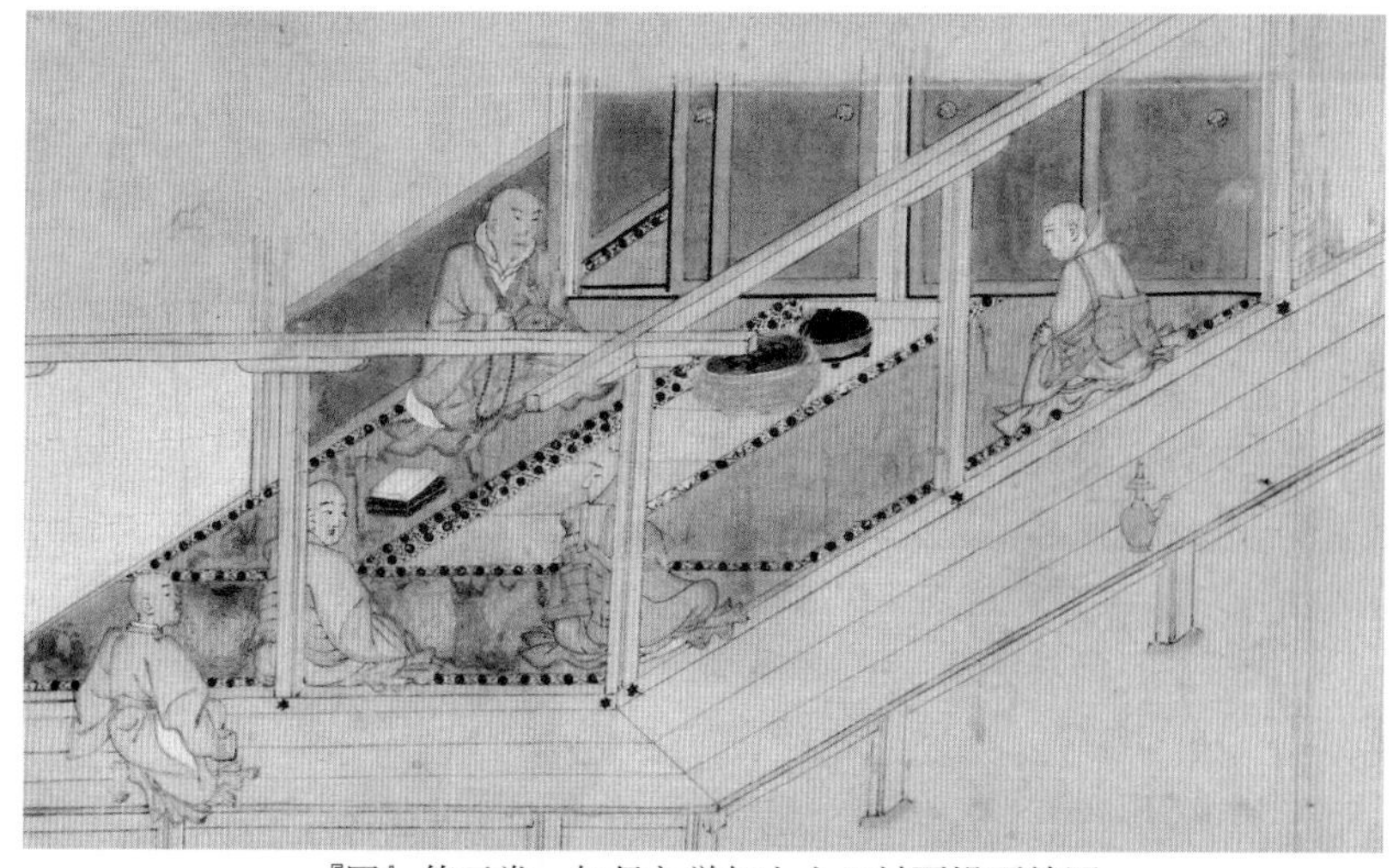

『同』第三巻　如信と覚如上人の対面場面絵図

『慕帰絵詞』第四巻　善鸞の符術

『慕帰絵詞』第4巻の文章と絵図

（資料篇二―二、二―三に引用）

・第三巻の唯円と覚如上人と対談時の「法文」（『歎異抄』原本）に関する「善悪二業」「あまたの問題」が第四巻詳述の「善鸞符術」の善行と「造悪無碍」の悪行です。

・文面は善鸞の覚如への名号符の勧めです。絵図は京都善法院です。善鸞符術が、実は、顕智が見た親鸞聖人と善鸞との対話に因むことを示します。

・それ故、覚如上人遷化当時『歎異抄』原本伝来の時期、経緯、著者「唯円大徳」の詳細は覚如上人が弟子に述べており、周知の事実でした。勿論、「法文」を『歎異抄』へと聖教化した蓮如上人も知っていました。

　しかし、蓮如上人聖教化直後に、「一通」の私信が当初から「一巻」の聖教だったと誤解され、「あまたの問題」も解決済みなので、経緯が早期の段階で不明になったのです。

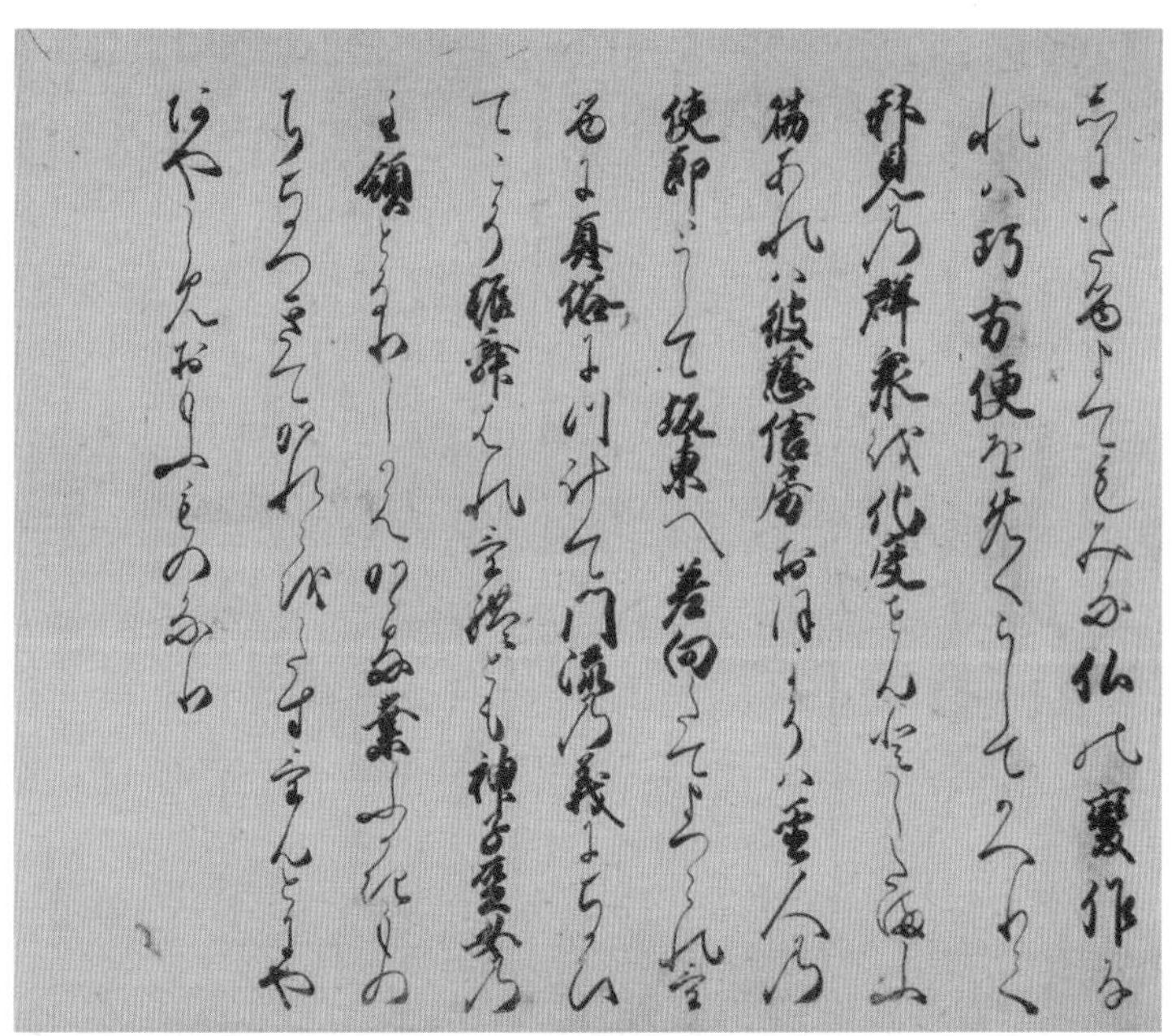

『同』第四巻　覚如上人の善鸞再評価

『同』第四巻　善法院での親鸞聖人と善鸞との対話場面

『歎異抄』の「第十条と中序」

・「法文」（『歎異抄』原本）受託の覚如上人はそれを参考に『口伝鈔』を記述。それで、両書は驚くほど論理展開が極似しています。よって、『歎異抄』冒頭が「第一〇条と中序」と分かります。これは一連の文章です。

・第一〇条の「無義」は法然で教学、教団、相伝の根拠です。「不可称」は相伝の親鸞聖人の言葉です。「仰せ候ひき。そもそも・・」は唯円の継承で、「第一〇条と中序」は改行のない一体の文章で「唯円の三代伝持の血脈」を示し、唯円の最重要な「歎異の根拠」です。

・蓮如上人は「法文」聖教化の時、前置した「第一条〜第九条」の総結として第一〇条を連続させます。そして、同時に、唯円意図を汲み「第一〇条と中序」を改行なしに連続させ当初の「法文」の文形を残します。以後の書写本も蓮如上人本を継承します。

・「第一〇条と中序」を分離させると、『歎異抄』原本が唯円の数分割の覚如への私信であった経緯や、「唯円の三代伝持の血脈」や蓮如上人聖教化などが不明になります。

オモヘトモ娑婆ノ縁ツキテチカラ
ナクシテオハルトキニカノ土ヘハマヒル
ヘキナリイソキマヒリタキココロナキ
モノヲコトニアハレミタマフナリコレニ
ツケテコソイヨイヨ大悲大願ハタノモ
シク往生ハ決定ト存シサフラヘ
踊躍歓喜ノココロモアリイソキ浄
土ヘモマヒリタクサフラハンニハ煩悩ノ
ナキヤラントアシクサフラヒナマシト云々
十
一念仏ニハ无義ヲモテ義トス不可
称不可説不可思議ノユヘニトオホセ
サフラヒキソモソモカノ御在生ノムカシオナ
シクココロサシヲシテアユミヲ遼遠ノ
洛陽ニハケマシ信ヲヒトツニシテ

『歎異抄』蓮如上人本「第十条と中序」は「法文」のテーマと序文と「唯円の三代伝持の血脈」

『歎異抄』漢文の「序文」と「愚禿の勧め」

・漢文は書簡への添え書きを示す。
・漢文序文冒頭の「歎異抄」は、蓮如上人が「一通」の私信に付けた聖教名です。
・漢文序文は第一〇条から始まっていた『この書』の由来です。如信の唯円からの聞き書き故、最期が「ト云々」の伝聞形式になっています。
・漢文「愚禿」は「無義」に始まる『この書』の趣旨です。唯円に教示され如信が記述したものです。
・「流罪の記録」は「愚禿の経緯」です。唯円が承元の法難の内実を如信に伝え、覚如に天皇家との関係修復を教示したのです。如信の唯円からの聞き書きなので諸処に「ト云々」があります。
・『歎異抄』原本は数分割の私信です。蓮如上人編集の蓮如本は中央に唯円筆の「証文ども」と『この書』、前後に如信添え書きの『この書』の「由来」と「趣旨」、その前後に蓮如上人が御指南「表紙」と「奥書」を書かれたのです。

歎異抄
竊廻愚案粗勘古今歎異先師
口傳之眞信思有後學相續之疑
惑幸不依有縁知識者爭得入
易行一門哉全以自見之覺語莫
亂他力之宗旨仍故親鸞聖人
御物語之趣所留耳底聊注之偏
爲散同心行者之不審也 云〻

一 弥陀ノ誓願不思議ニタスケラレマヒ
ラセテ往生ヲハトクルナリト信シテ
念佛マフサントオモヒタツコヽロノヲコル
トキスナハチ攝取不捨ノ利益ニ
アツケシメタマフナリ 弥陀ノ本願ニハ

『歎異抄』蓮如上人本 漢文序文（如信筆の、唯円から伝聞の『この書』の由来）

遠流之人〻已上八人ナリト云〻
被行死罪人〻
一番 西意善綽房
二番 性願房
三番 住蓮房
四番 安樂房
二位法印尊長之沙汰也
親鸞改僧儀賜俗名仍非僧非俗
然間以禿字爲姓被經奏聞了
彼御申状于今外記廳ニ納ト云〻
流罪以後愚禿親鸞令書給也

『同』本 漢文「愚禿」は『この書』の趣旨。流罪記録は「愚禿」の経緯

序文

尾野先生は同じ浄土真宗本願寺派備後教区比婆組（広島県庄原市）内の方です。長年住職を勤め、組長（当時）として組内十九ヶ寺をまとめ、私の父の浄土往生の時にもお世話様になりました。そうした同じ地域で活動する僧侶というご縁から序文を書かせて頂くことを有り難く思います。

地域に生きる住職にとって、蓮如上人はとても大切な方です。住職はご法事やお説教で『聖人一流章』を読み、ご門徒と一緒に「領解文」を唱和します。又、葬儀のたびに『白骨の御文章』を拝読します。住職は日々の活動の大きな部分に蓮如上人のお導きを頂いているのです。

ですが、その蓮如上人が『歎異抄』を禁書にして教団を発展させたという説があります。『歎異抄』は親鸞聖人のお心を直接伝える言葉が書きとめられた非常に評価の高い聖教です。ですから、蓮如上人と『歎異抄』の関係は、住職にとり非常に関心ある問題と言えましょう。

私にとりましても、庄原市は、親鸞聖人と『歎異抄』を世界に周知した『出家とその弟子』の著者・倉田百三の出身地で、お念仏の士徳ある地域なので、尚更です。

先生は、蓮如上人が『歎異抄』を聖教化し解き放たれたからこそ、私どもがこの聖教に出会えたのであり、禁書説は誤解から生じたと言われます。すると、何をもってそこ迄断言できるのかを、住職は確かめたくならざるをえません。

本書は「僧侶向け解説」とあるように、本願寺教団創立の覚如上人、浄土真宗を全国に浸透させて下さった蓮如上人と『歎異抄』との関係について、僧侶や住職に示唆を与え、又、『歎異抄』研究者にも看過出来ない重要な課題を提示して下さる書と言えましょう。

武蔵野大学学長　西本照真

はじめに

『歎異抄』を受託し本願寺教団を立ち上げた覚如上人、『歎異抄』を確保し聖教化し解き放った蓮如上人の大いなるご苦労を知って頂きたい、という熱い思いで書きました。それは、現在、相変わらず教団解体を助長する『歎異抄』禁書説を主張し、両上人を批判する本が出ているからです。以前、私はその禁書説がぬれぎぬという『歎異抄再発見への道』と『歎異抄の真意と原形』（永田文昌堂　平成一三年と平成二四年）を出させて頂いたので、その趣旨の本はもう出ないと思っていました。それで、今一度、研究者向けの拙著を広く僧侶・住職向けに書き直して、禁書説は誤解の産物であること、覚如上人・蓮如上人の功績の真実を広く周知したいと思ったのです。

本願寺教団の基礎は覚如上人によって形成され、蓮如上人によって飛躍的に充実しました。それに対して、その両上人の教団形成は親鸞聖人本音の『歎異抄』を禁書にしたから成功したと主張する「両上人歎異抄禁書説」は教団にとって暗く重たい雰囲気をもたらせます。それ故、この説の誤解を確実に打破して、僧侶の皆さんと一緒に両上人の名誉回復と教団の誇りと自信とを取り戻したいと思うのです。

『歎異抄』はその原本が不明です。蓮如上人が書写し、それを底本として次々と写本が量産されたのです。もし、最初の蓮如書写本がなければ、『歎異抄』は残らず、私どもはこの素晴らしい聖教に出会えなかったのです。

もっと根源的なことを言えば、当初、『歎異抄』原本は唯円から義理の甥・覚如上人への正意の教団興隆委託の私信で、それを受託した覚如上人あればこそ本願寺教団が創立されたのです。そして、当然それは私信ゆえに日野家に私蔵されますが、その私信を再発見した第八代蓮如上人が編集し、『歎異抄』へと聖教化し解き放ったからこそ、多くの人が書写して現在に至ったのです。

ですが、この経緯が分からないため、『歎異抄』は内容が誤解され、そこから、覚如上人が、次いで蓮如上人が『歎異抄』を忌避隠蔽し禁書にしたとまで言われるようになったのです。その説にもそれなりの思いや論理があるでしょうが、禁書説は歴史的事実と合致せず、両上人の思いと行動を誤解しています。

この拙著で私は僧侶方に、禁書説はまったくの誤解の産物であること、両上人のご苦労とご尽力を正当に知って頂き、そのことが広く一般の方々に及び、教団の暗い影を払拭することができれば本当に嬉しく思います。

尚、内容の多くは先の二冊の拙著によっていますので、学問的に資料等を探究したい方はそれを参考にして下さい。又、多く敬称を略しています。ご寛恕下さい。

ここに、この地方の一僧侶の問題意識を認め身に余る序文をお寄せ下さった武蔵野大学学長西本照真先生に厚く御礼を申し上げます。又、その話を聞いてやろうと『歎異抄』勉強会を三年前から開き、拙論の論点掘り下げに導いて下さった一條博堂、渡邊信樹、栗原尚道、法蘊浩信各住職に謝意を表し、『歎異抄』の写真と原文、『慕帰絵』などの引用をご許可頂いた龍谷山本願寺、蓮如上人尊顔絵画使用をご快諾下さった北田和廣画伯ご夫人、出版をご快諾下さった永田文昌堂永田唯人様にお礼申し上げます。

著　者

目次

第二部　『歎異抄』原本の継承と聖教化と解放

第三部　『歎異抄』禁書説とその対応

資料篇

第一部　『歎異抄』の真意

第一章 『歎異抄』原本とは「日野家私信」、蓮如上人が聖教化し解き放つ

「はじめに、「『歎異抄』原本」と記する意味を説明しておきましょう。それは、当初の『歎異抄』の原形は「数分割の書簡」だったのです。それで、現行『歎異抄』と形体が大きく相違するので、当初の形体を意識する時に〝『歎異抄』原本〟と記述しているのです。」

日野家私信を『歎異抄』へと聖教化した。当流大事の聖教なので、忘れずに主要な僧侶方に伝授するように第九代実如に申し伝えたのじゃ

第一節　蓮如上人御指南は『歎異抄』解釈の根本視点

第一項　蓮如上人御指南の全体像

蓮如上人が書写した『歎異抄』原本とは何か。その実物を見た上人自身が蓮如本『歎異抄』前後の「表紙」と「奥書」に御指南として書き残しています。この「表紙」と「奥書」は、実物を見た蓮如上人直接の御指南で『歎異抄』解釈の根本的視点です。

その蓮如本における御指南は以下の通りです。

「表紙」　歎異抄一通　　蓮如之

「序文」　歎異抄

「奥書」　右斯聖教者為当流大事之聖教也
於無宿善機無左右不可許之者也
釈蓮如　花押

カラー口絵1・9頁参照

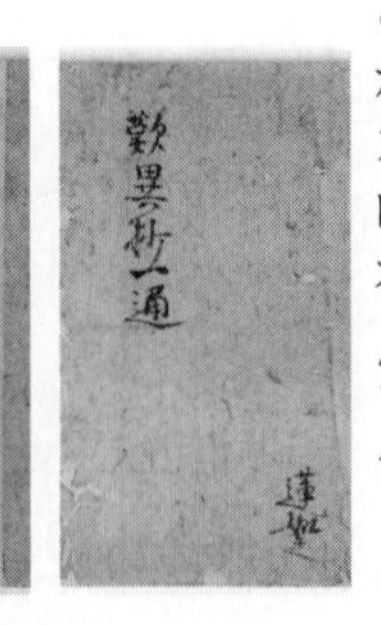
歎異抄
竊廻愚案粗勘古今歎異先師
口傳之眞信思有後學相續之疑
惑幸不依有緣知識者爭得入
易行一門哉全以自見之覺語莫

この上人御指南を如何に受け取るかで大変に世界が違ってきます。これらの御指南は上人が全体を見て書かれたもので、簡略ながら意味するところは重大です。絶対に素通りしてはならないところです。しかし、百五十冊程度の管見ですが、案外に、言及する解説書が見あたりません。それで私なりに御指南の意味を提示しましょう。

第二項　『歎異抄』表紙の御指南

カラー口絵1頁参照

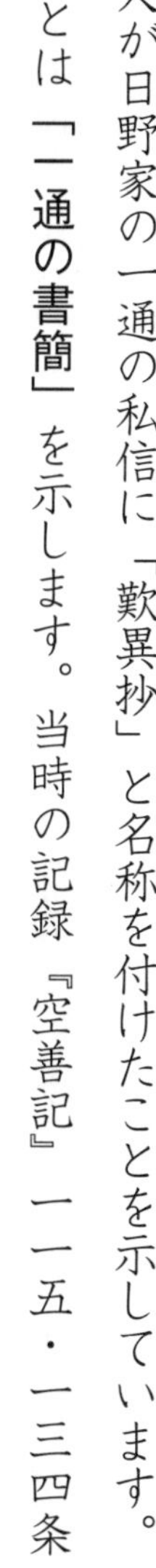

(一)「歎異抄一通」

蓮如上人が日野家の一通の私信に「歎異抄」と名称を付けたことを示しています。「一通」とは**「一通の書簡」**を示します。当時の記録『空善記』一一五・一一三四条に「御文十通ばかり」「三通あそばし」など多くの実例があります。

（二）「蓮如之」

奥書の署名花押のような「釈」がありません。つまり蓮如個人の所有を示します。唯円から義理の甥覚如への「私信」ゆえに、**「覚如子孫の蓮如上人の個人的所有」**だったのです。

第三項 『歎異抄』序文の御指南

カラー口絵９頁参照

蓮如上人の御指南に見えませんが、厳密に言うと、漢文序文冒頭の**「歎異抄」**は蓮如上人が私信を編集して聖教とした時の**聖教名**です。**「蓮如上人の付加」**です。

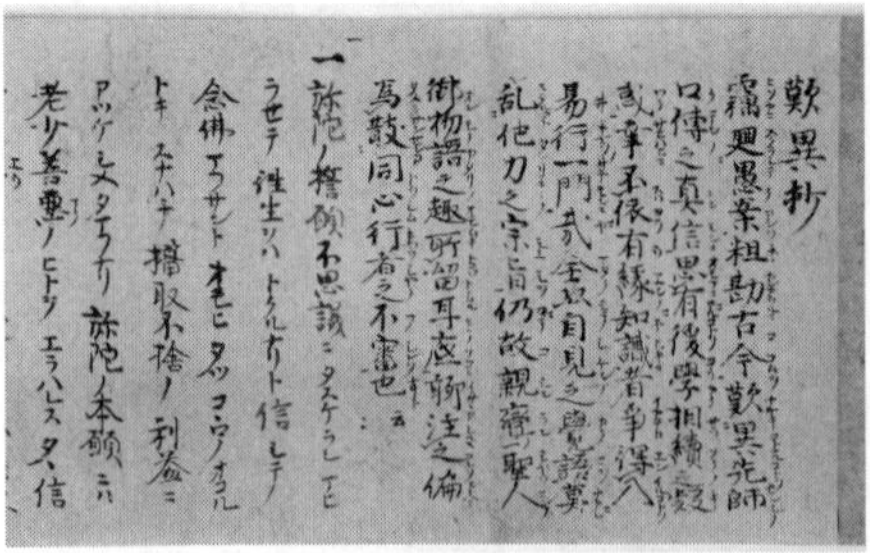
歎異抄
竊回愚案粗勘古今歎異先師
口伝之真信思有後学相続之疑惑
幸不依有縁知識者争得入
易行一門哉全以自見之覚語莫
乱他力之宗旨仍故親鸞聖人
御物語之趣所留耳底聊注之偏
為散同心行者之不審也云々
一 弥陀ノ誓願不思議ニタスケラレマイ
ラセテ往生ヲハトクルナリト信シテ
念仏マウサントオモヒタツコヽロノヲコル
トキスナハチ摂取不捨ノ利益ニ
アツケシメタマフナリ弥陀ノ本願ニハ
老少善悪ノヒトヲエラハレスタヽ信

第四項　『歎異抄』奥書の御指南

カラー口絵1頁参照

「右斯聖教者為当流大事之聖教也
於無宿善機無左右不可許之者也
釈蓮如　花押」

この奥書の御指南は表紙と対応します。

（一）奥書前半の御指南

「奥書」前半は、「一通の私信」を聖教としたが、特に「当流大事の聖教に為す」という**第九代実如に注意を喚起する蓮如上人の意志表明**です。

（二）奥書後半の御指南

「奥書」後半は、「当流大事の聖教」なので、必ず、忘れずに「**中枢僧侶群に伝授せよ**」という、第九代実如に指示し『歎異抄』を**解き放った蓮如上人の注意書き**です。

「注目!!序文で紹介した二冊の拙著ではこの奥書き後半を「蓮如上人御自身の『歎異抄』公開宣言」としました。ですが、「第九代実如へ『歎異抄』解放を指示した」と見る方が相応しいようです。「実如への解放指示」と変更させて頂きます。

(三)　署名と花押の御指南

「釈蓮如　花押」

署名と花押は書簡を聖教と為して、つまり格上げして第九代実如に伝授した蓮如上人の宗主としての証明です。「釈」は本願寺宗主の表明です。

第二節　蓮如上人『歎異抄』御指南の意味

上記をまとめると、『歎異抄』原本は唯円から義理の甥・覚如への私信であり、それを子孫の蓮如上人が発見し、個人的に名前を歎異抄とつけて私有し、更に『歎異抄』へと聖教化し、その上、第九代実如に「当流大事の聖教」なので、埋没させずに教団中枢部の僧侶群に公開せよと解放を教示したものと分かりました。

ですから、『歎異抄』原本は「日野家親族間の私信」であり、子孫の蓮如上人が私有し書写し聖教化して残されたればこそ、宛先の本願寺に最古の写本・蓮如本が残っていたのです。

ですが、この蓮如上人の御指南があまりに簡略なため、聖教化して書写が始まった時、当初から「一巻」の聖教だと思って、「一通」の意味が不明になったのです。つまり、「私信」であった『歎異抄』原本の過去が消えたのです。それで、多くの解説本が蓮如上人御指南を素通りしてしまったと思われるのです。（後述）

この根本の視点が違ったので、解釈もずれてしまいます。あたかも、最初のボタンを掛けちがうと、途中も、最後も合わないようになるようなものです。そして、その功罪が生じ、功が念仏の水平的拡散であり、罪の極端が『歎異抄』禁書説です。

このように『歎異抄』の実物を見た蓮如上人御指南を受け取るか、素通りするか、が、大変大きな分岐点です。皆様も視点を切りかえて一緒に読み進めて下されば幸いです。

第二章　『歎異抄』原本受託の覚如上人

第一節　『歎異抄』原本著者唯円は覚如上人の義理の叔父「源輔時」

第一項　『歎異抄』原本著者唯円は小野宮禅念の連れ子「源輔時」

『歎異抄』原本著者は「河和田の唯円」です。本文に著者名がないことから、覚如だ、如信だと論争がありましたが、本文中の親鸞聖人との対話に名前が出てくる唯円と推定、ほぼ断定されました。

そして、この唯円は、覚信尼が再婚した小野宮禅念（おののみや　ぜんねん）の連れ子「源輔時（みなもとのすけとき）」、覚如上人の義理の叔父と、私は断定させて頂きます。その理由は以下のごとくです。

第二項　「藤原」「小野宮」「源」の関係

尚、ここで注意しておきたいのは、「小野宮（おののみや）」と「源（みなもと）」

の名前の関係です。その家は家祖が藤原実頼であり、「藤原（ふじはら）」で始まりました。ですが、文徳天皇の皇子惟喬親王の「小野宮」邸に居住したので「小野宮（おののみや）」と呼ばれるようになり、更に、そこへ、源氏が流入したので「源」を名告るようになったということです。

尚、「小野宮」を「おのみや」と読み、長い間、氏族不詳で途方にくれましたが、「おののみや」と気付いて展望が開けました。冷静に考えてみれば、「小野小町」も「おののこまち」ですし、「源義経」も「みなもとのよしつね」です。念のため。

第三項　唯円は小野宮禅念の子「源輔時」

そして、先ず、唯円は本願寺の公式記録に記すように日野家の覚恵、覚如、唯善に浄土真宗を伝授するほどの人物ですので、立場も教養も相当な人物です。関東一門弟ではありません。江戸時代の二冊の歴史書に唯円の略歴があります。その一つを引用しましょう。（もう一つは寿海の『大谷嫡流実記』）

唯円は常陸の国、河和田に泉慶寺を開いています。その寺が後世、法喜山報仏寺という寺名になっていますが、その縁起を調べた先啓了雅の『大谷遺跡録』に

「常陸国茨城郡河和田法喜山報仏寺は高祖御弟子河和田唯円法師の遺跡也。唯円坊、俗姓は小野宮少将入道具親朝臣の子息に、始は少将阿闍梨（失名）と申しける人の世を遁れて禅念坊となん号せし人の真弟（唯善別腹舎兄）なりと云々。高祖帰洛の後、仁治元年一九歳にして、高祖（その時六八歳）の弟子となり、真宗の奥義に達せり。」

とあるのです。唯円は小野宮（源）具親つまり禅念坊の子で、覚信尼が生んだ唯善の母親違いの兄、覚如の義理の叔父なのです。『真宗史料集成』八に記載されています。尚、この略歴には具親の子が禅念坊のように見えますが、「具親の子息」と「禅念坊の真弟」とは並列で、同一人物を示します。具体的には「唯円」を指しています。

第二節　名門小野宮（おののみや）家と日野家と摂関家九条家は縁故

唯円の実父小野宮禅念をたずねましょう。小野宮家の家祖藤原実頼は、権勢を誇った摂関家藤原北家本流の九条家家祖の藤原師輔と兄弟です。そして、小野宮禅念こと源具親は九条兼実の子・良輔の養子になり、後年、親鸞聖人季娘の覚信尼と婚姻を結び唯善をえています。ですから、藤原北家の内麻呂の長男真夏が家祖の日野家、小野宮家、摂関家九条家とは深い縁故があるのです。

第三節　源輔時（唯円）は幼少時より選択本願念仏に縁

それ故、源具親こと小野宮禅念は兼実が信奉する法然の教えに出会って、「禅念坊如舜」と名告ったと思われます。ですから、禅念の子「源輔時」は禅念坊の真弟（子で、同時に親の弟子）と言うのですから、幼少より父が喜んだ法然の本願念仏の教えに親しみ、更に、帰洛後の親鸞聖人から直接に浄土真宗の奥義を学んで「唯円」になったのです。それで、唯円の『歎異抄』には教学的に付け焼き刃の感じが全くなく、聖人嫡男善鸞、嫡孫如信と兄弟弟子と言えます。

その後、源輔時（唯円）の実父小野宮禅念は親鸞聖人の季娘覚信尼と再婚し唯善をもうけ、聖人の墓所大谷廟堂の土地を提供し、更に覚信尼に譲渡しています。

そして、一方、覚信尼が聖人還浄後、関東門弟から浄財を集め聖人の大谷廟堂を建立しています。すると当然、唯円は継母覚信尼が交流する関東の人脈にも通じ、聖人還浄後の教団の情勢がよく分かる立場にあったと言えます。ですから、唯円の『歎異抄』全体に浄土真宗教団への深い思いと透徹した示唆を感じるのです。

第四節　『歎異抄』に関係する人物群

ここで、『歎異抄』に関わる右記の人物群とその関係をご紹介しましょう。

第一項　『歎異抄』に関わる日野家関係者

「『歎異抄』に関わる日野家関係者略図」

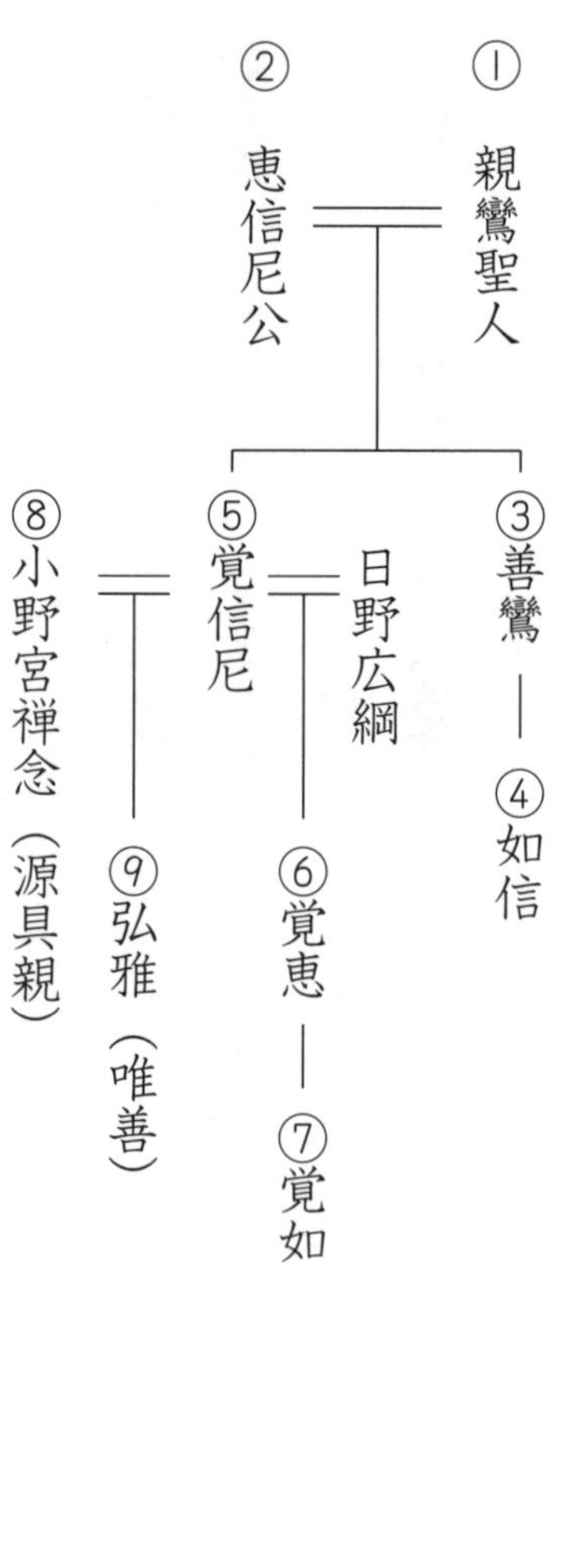

第二項　日野家関係者各人物の概略（西暦を使用）

受託者覚如上人当時は『歎異抄』原本は覚如に「法文」と呼ばれていた日野家親族間の書簡・私信でした。子孫の蓮如上人によって『歎異抄』へと聖教化されたのです。その趣旨にそって以下概略を記します。

①親鸞聖人（一一七三―一二六三）―大乗仏教である浄土真宗の開祖。主著に『顕浄土真実教行証文類』。本願寺初代。お言葉が唯円の『歎異抄』に記載されている。

②恵信尼公（一一八二―一二六八？）―親鸞聖人の妻。聖人還浄後、季娘覚信尼へ書簡『恵信尼消息』（聖人を観世音菩薩の化身と記述）を授く。

③善鸞（不詳―一二九二）―親鸞聖人の長男。「法文」（『歎異抄』原本）が書かれるきっかけとなった人物。この世を名号符で救うという善行の「符術」を行使。

④如信（一二三五―一三〇〇）―善鸞の長男。本願寺宗主第二代。「法文」（『歎異抄』原本）の仲介者。

⑤覚信尼公（一二二四―一二八三）―親鸞聖人の季娘。日野広綱との間に覚恵、更に再婚した小野宮禅念との間に唯善を生む。母親の『恵信尼消息』に触発され、禅念の土地に親鸞聖人の廟堂を建立。後、譲り受けた土地を教団に寄進し、初代留守職となり大谷廟堂をまもる。母親を早く亡くした孫覚如を養う。

⑥覚恵（一二三五—一三〇七）—覚信尼と日野広綱との子。大谷廟堂の第二代留守職。覚如の父。

⑦覚如上人（一二七〇—一三五一）—覚恵の子。大谷廟堂の第三代留守職並びに本願寺第三代宗主。唯円より「法文」（『歎異抄』原本）を受託。六三才の時、本願寺寺号を獲得。本願寺の事実上の創立者。

⑧小野宮禅念（不詳—一二七五）—源具親、出家名・禅念坊如舜。法然の絶大信奉者九条兼実の男・良輔の養子。つまり、摂関家の九条兼実の義理の孫。子に源輔時（唯円）。覚信尼と再婚して唯善を設ける。大谷廟堂の土地を提供。

⑨唯善（一二六八—＊＊）—阿闍梨「弘雅」。小野宮禅念と覚信尼との子。覚恵（大谷廟堂第二代留守職）の異父兄弟。幼少時、異母兄・源輔時の猶子になり、長じて、その唯円（源輔時）に学んで「唯善」となる。それ故、略図の二箇所に名前。

⑩唯円（一二二二—一二八九？）—法然信奉者・九条兼実の孫となった小野宮禅念の次男「源輔時」。唯善の異父兄弟。つまり、覚如上人の義理の叔父。

「法文」(『歎異抄』原本)の著者。京都で育ち、親鸞聖人に学び「唯円」となる。後、常陸河和田に泉慶寺(後の報仏寺)を開く。常陸より義理の甥覚如へ私信「法文」(『歎異抄』原本)を書き、翌年、上洛して宗主就任を要請。

第三項　『歎異抄』に大きな影響を与えた人物

・法然(一一三三―一二一二)――『選択本願念仏集』を著述し浄土宗を独立させる。親鸞聖人の師。

・日蓮(一二二二―一二八二)―唱題で世を救うと『立正安国論』を鎌倉幕府に献上。他宗に対して厳しい「四ヶ格言」を主張。特に、法然の選択本願念仏に厳しい批判。

・乗信坊(不詳)―常陸奥郡の親鸞聖人門弟。文応元年一一月、日蓮問題で、親鸞聖人に浄土真宗の真髄を聞くために上洛。その時の対話が『歎異抄』第一条〜第九条。そして帰郷直前の十一月一三日、親鸞聖人より書簡を拝受。

・信楽坊(不詳)―常陸奥郡の親鸞聖人門弟。乗信坊と共に上洛。「名号符」での世の救済を強く主張し、聖人門弟を離脱。『歎異抄』第六条の背景。

第五節　唯円出自の多大な影響

多くの解説書は日野家近親者の唯円を、関東一門弟としています。明治時代末に、唯円著者説が浸透した時に、如信の本願寺第二祖の功績がなくなると猛反発があったためでしょう。この「唯円関東一門弟説」が『歎異抄』解釈に大きな影響を与えます。つまり、唯円が日野家近親者の立場から教団の将来を思い覚如に書いた私信『歎異抄』原本を、一門弟が異を歎く単なる一信仰書にしてしまい、その真意を不明にしてしまったのです。

『歎異抄』著者の唯円出自の確定が何よりも大切ですが、今だに不充分な言及に止まっていることは残念なことです。

第三章　『歎異抄』原本とは義理の甥覚如への私信

一般的には『歎異抄』は最初から名前の付いた一冊の聖教であると思われていますが、実は『歎異抄』原本は名前が無い書簡、親族間の私信だったのです。

第一節　『歎異抄』著者唯円と対談した覚如上人

『歎異抄』著者唯円の人物像や、その著述時の状況を知るには唯円に実際に出会い対談した覚如上人の言葉を聞くのが一番です。伝記『慕帰絵詞』に残っています。

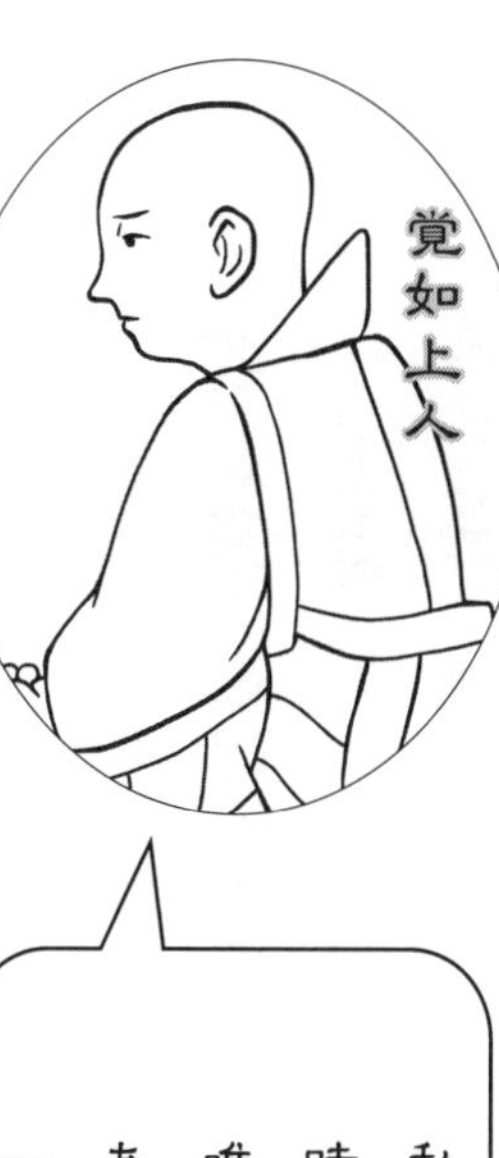

カラー口絵2・3頁参照

第一項　覚如の伝記『慕帰絵詞』に出現の唯円

『歎異抄』著者唯円が本願寺聖教『慕帰絵詞』（第三代覚如上人の伝記）第三巻第三段に姿を現しています。『歎異抄』最古の写本が本願寺第八代蓮如上人本なので唯円・覚如・蓮如の三者、それに、文中にある法然（源空）と親鸞聖人並びに如信（善鸞嫡男で、聖人の嫡孫）の密接な関係が示唆されている大変貴重な記録です。

「弘安十年春秋十八といふ十一月なかの九日の夜東山の如信上人と申し賢哲にあひて釈迦・弥陀の教行を面受し他力摂生の信証を口伝す。所謂血脈は叡山黒谷源空聖人、本願寺親鸞聖人二代の嫡資なり。

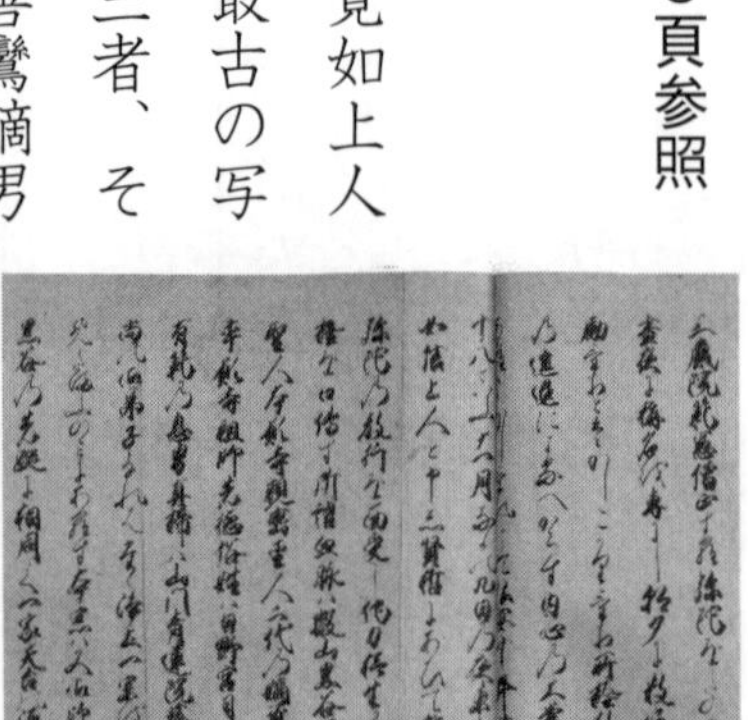

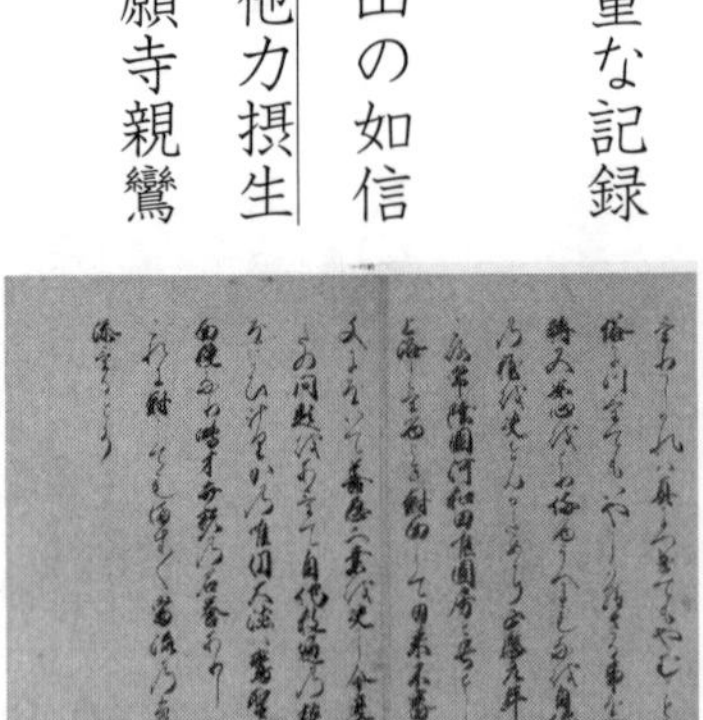

（中略）

将又　安心をとり侍るうへにも、なを自他解了の程を決せんがために正応元年冬のころ常陸国河和田唯円房と号せし法侶上洛しけるとき、対面して日来不審の法文にをいて善悪二業を決し、今度あまたの問題をあげて、自他数遍の談にをよびけり。かの唯円大徳は鸞聖人の面授なり、鴻才弁説の名誉ありしかば、これに対してもますます当流の気味を添けるとぞ。

（資料篇二－一）

ここに、法然・親鸞聖人更に如信より覚如上人への浄土真宗相伝（覚如の三代伝持の血脈）、並びに、唯円の覚如上人への相伝、という二つの相伝が記されています。中間の「将又」は両者の相伝が同等の重要性だと示しています。

第二節　蓮如上人御指南で『歎異抄』原本発見

第一項　『歎異抄』原本は「法文」

この唯円の覚如上人への相伝時の「不審の法文」つまり「法文」が「法のふみ」、そうです『歎異抄』原本です。一般的に、「法文」を「法門」と解釈することが多いのですが、「不審の善悪二業の法門」となると、覚如の宗主根拠である「三代伝持の血脈」が成立しなくなるので妥当でありません。「不審」は「法文」に懸かるのです。

第二項　「法文」は如信の仲介

更に、その法文は「日来」とありますので、それより前、前年の「如信の仲介による伝来」を示します。

第三項　蓮如上人御指南が『歎異抄』原本発見を導いた

実物を見た蓮如上人御指南が『歎異抄』を「一通」の私信とされていたので『歎異

抄』原本を発見できました。そして、それを、覚如上人は「法文」又は「不審の法文」と呼んでいたことが分かります。

第四項 「法文」を『歎異抄』とした解説書は皆無

ですが、『歎異抄』原本が『慕帰絵詞』の「法文」と指定した解説書は、基本の蓮如上人御指南「歎異抄一通」を素通りしていることから、管見ですが、現在一冊も見当たりません。「一通」を起点にした本書と、意識しない既存の解説書では基本の視点が違いますので、以下、全く見える世界が違ってきます。

筆者もあまりの相違に躊躇しましたが、最高の善知識蓮如上人の御指南を頂くのが最善と思い直し、以下の論考に至りました。皆さんも驚かれるでしょうが、既存の『歎異抄』解釈の先入観を捨て、蓮如上人御指南のお導きを受けて下さればと存じます。

第三節　『歎異抄』原本は義理の甥覚如への私信

カラー口絵3頁参照

この『慕帰絵』第三巻の如信相伝の絵図にある如信の左側にある文箱の中が唯円から覚如への「法文」つまり『歎異抄』原本です。文箱の上の紙片が「如信の添え書き」でしょう。翌年の唯円『歎異抄』原本相伝が異時同図画法によって示されていると思われます。

『慕帰絵詞』第三巻の本文記述と絵図から、唯円に関わる『歎異抄』原本（「法文」）の詳細が判明します。以下、列挙しましょう。

一　『歎異抄』原本は覚如上人が「法文」と表現していた親族間の私信です。

二　『歎異抄』原本の本文は文箱に、上に「添え書き」の紙片がありました。

三　『歎異抄』原本の著者は「河和田の唯円」です。

四　『歎異抄』原本は文箱に入った私信で、その宛先は義理の甥・覚如です。

五　関東唯円から京都覚如が『歎異抄』原本を入手出来たのは書簡だったからです。

六　『歎異抄』原本の覚如入手時期は「日来」とあるので、唯円相伝前年の「弘安一〇年春秋十八といふ一一月なかの九日夜」です。

七　それ故、『歎異抄』原本入手には仲介者・如信が存在していたと分かります。

八　如信の相伝と唯円の相伝とは「将又」とあるように同等の重要な相伝でした。

九　『歎異抄』原本は当初「不審の法文」で、「善悪二業」に関係するものでした。

一〇　『歎異抄』原本は、付随する「あまたの問題」を内包していました。

一一　『歎異抄』原本の「不審」は「正応元年冬のころ」の唯円上洛と直接対談で解消され、「あまたの問題」解決を願う唯円の真意を覚如が領解受託しました。

一二　唯円を「唯円大徳」「鸞聖人面授」「鴻才弁説の名誉あり」と覚如が門弟に語った言葉は、如信が覚如にそのように唯円を紹介し、覚如が実感したものです。

一三　『歎異抄』原本は「法文」の私信ゆえ、覚如子孫の蓮如上人が伝持しました。

一四　『歎異抄』原本の目的は「善悪二業」の解決でした。実際はこの相伝直後の第四巻に記載された善鸞「符術」の善行であり、それに対抗する正意の教団興隆を義理の甥覚如に要請するものでした。（後述）

第四節　覚如上人は、如信と唯円と『歎異抄』原本を激賞

上記の二つの相伝は、覚如上人が八二才示寂直後の伝記での紹介です。つまり、六〇年以上前のことです。覚如上人が生前『口伝鈔』『改邪鈔』等を著述する度に、如信相伝と唯円相伝並びに『歎異抄』原本を激賞し、教学的に「真宗の気味を添え」る

ことができたと弟子達に何度も述懐していたと分かります。

もし覚如が唯円を遠ざけたいなら、誰も知らない六十年前のことなので、覚如が言わねば済みます。後継者達も書かねば済みます。

それを書き残しているということは、覚如上人も後継者も唯円や『歎異抄』原本を全く隠すことなく認めていたのであり、本当に大切な相伝であったということです。

第四章　『歎異抄』原本の目的

（資料篇二参照）
カラー口絵４・５頁参照

この相伝の直後の第四巻には『歎異抄』原本が問題にした善鸞「符術」が記されています。この善鸞符術教団へ対抗し、義理の甥覚如に正意の教団興隆を依頼するのが『歎異抄』原本の目的と分かります。

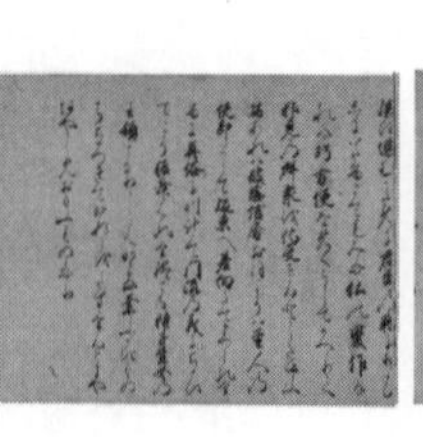

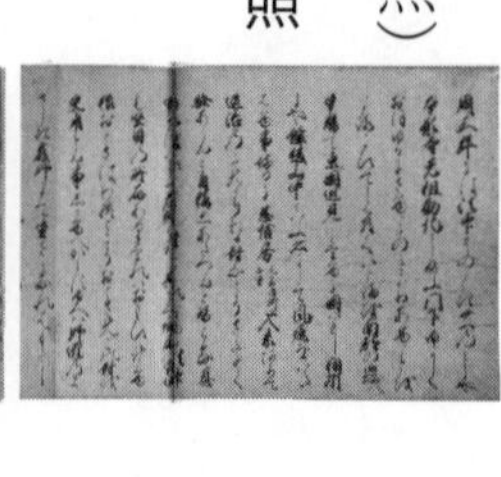

尚、以下の教団の論考はこの唯円の立場と思いを基本に、思考しました。皆様の教団観と共に切磋琢磨して大乗仏教教団のあるべき姿を尋ねたいと思います。

第一節　善鸞「符術」教団の隆盛

『歎異抄』（「法文」）の文面には多くの異義がありますが、受託者覚如自身がその中心問題を「善悪二業」と述べています。つまり、その目的は直後に詳述の「善行」善鸞符術への対処です。

聖人晩年、関東で「悪行」造悪無碍が横行します。教団弾圧直結の異義に、「聖人の使節として板東へ差向たてまつられ」たのが善鸞です。ですから、善鸞は嫡男として教団を護る強い責任感から当然「善行」に傾きます。覚如はその善鸞の実態を二一才（一二九〇）からの三年間の関東巡錫中に確認します。

覚如は相州・小田原の近辺の余綾山中で病気になります。そこへ来た善鸞は、「われは符をもてよろづの災難を治す、或いは邪気或いは病悩、乃至呪詛怨家等をしりぞくるにいたるまで、効験いまだおちず。」（資料篇二－二、二－三）と豪語して「無碍光如来」の名号符を飲むように勧めます。善鸞は聖人生存中も還浄三〇年後も、造悪無碍に対抗して社会に有益な教団と認められるよう「効験いまだおちず」と病気治し、除災の善行である「符術」をしていたのです。

尚、この善鸞の行動は親鸞聖人との話合いの上でのものでないかと顕智が京都善法院での対話を見て述べ、覚如後継者も評価をためらっていますが、大変考慮を要すべきところです。

第二節　善鸞は鎌倉幕府要人と親密な交流

この善鸞教団は大隆盛で、鎌倉近辺で見た善鸞は鎌倉幕府の第九代執権北条貞時と、常陸ではやはり幕府要人の常陸の守護小田城総領筑後守知頼の鹿島神宮参詣に同道するほどでした。

尚、覚如巡錫中の正応四年（一二九一）に『教行信証』の最初の開版が木版刷りで明性によってされましたが、その膨大な財政的後援者は鎌倉幕府の内管領平頼綱でした。彼は前記の善鸞同道の鎌倉第九代北条貞時の乳父です。善鸞は鎌倉幕府内に相当大きな影響を与えていたのでしょう。仏光寺系の『親鸞聖人惣門弟等交名』の滋賀・光照寺本に記載された地名から分かるように、鎌倉近辺の交通、経済、軍事上の要所に多くの真宗寺院が形成されています（平成一五年『西本願寺展』カタログ三三頁津田徹英解説）。

第三節　初期関東真宗教団の担い手は多彩

初期関東真宗教団は農民主体のように思われていますが、説法の聴取者は勿論人口の多い農民でしょう。ですが、主要門弟は藤原摂関家の関係者で漢文が読める教養人で、地域の権力者の鎌倉武士階級の者も多く存在し、真宗寺院が鎌倉近辺の交通・経済の要所にも存在していたのです。真宗伝播の担い手やその拠点は柔軟に考えるべきです。これは現代の教団形成でも留意すべきことです。

第四節　善鸞「符術」は「浄土真宗正意とずれ」

この善鸞「符術」は名号の力で人間の苦悩を救済する善行で、名号の力を実感させた後、阿弥陀仏のお慈悲に引導しようとしたものです。国内でも欧米の宗教でも奇跡を起こし恵みを与えて神仏の信仰へ導きます。一般的宗教観からいえば当然です。しかも、善鸞の符術は流行病の蔓延する中の文字どおり命がけの行動で民衆からも施政者からも絶大な信頼を得たと思われます。

しかし、善鸞教団は隆盛でしたが、残念ながら、名号を人間の善に利用する符術は、阿弥陀仏の本願力回向によって流転輪廻を断ちきり真実のさとりを開く浄土真宗の正意からは、大きな「ずれ」でした。この「ずれ」は真宗の奥義に達した唯円なればこそ見抜くことの出来たものです。普通、少々学んでも指摘出来ません。

教団は広範な世間の要望に応えた時、爆発的発展を遂げます。教団引率者ならば誰でも思うでしょう。善鸞も造悪無碍からの起死回生を狙ったのです。そして、善鸞の聖人嫡男という立場を考えると、この教えの変質が無制限に拡大し続けます。

第五節　『歎異抄』原本の目的は善鸞「符術」を超える正意の教団興隆委託

唯円は、正にこの隆盛で止めようのない聖人嫡男「善鸞符術」に対処し、それを超える正意の教団興隆を実現しようとしたのです。これほどの目的は「唯円関東一門弟説」からは絶対に出て来ません。唯円の出自で『歎異抄』の目的や条文の解釈が大きく左右されるのです。

第六節　『歎異抄』原本の目的の詳細

これで、『歎異抄』原本の目的が明確に分かります。つまり、善鸞の符術教団に対抗する正意の教団形成を悲願とし、唯円が義理の甥覚如に依頼したのです。近親者であっても唯円の力では善鸞を止めえず、若い聖人血縁者覚如に委託したのです。それ故、唯円の『歎異抄』原本の真意は

一　嫡男善鸞に対抗できる、聖人血縁者の若い新宗主選定と宗主就任依頼。

二　その宗主候補者に、聖人血縁者が念仏者になることが聖人の「大乗仏教」を実

　　証することであると、聖人血縁者の責任の告知。

三　聖人後の教団の動向を左右する聖人血縁者の正意の僧侶の重要性と責任の告
　　知。

四　その宗主候補者へ正意の念仏教団興隆の委託。

五　浄土真宗の正意と、符術や造悪無碍や各種異義へ対処する論理の伝授。

六　宗主像の確立の道筋と、宗主としての人間性の陶冶。

七　正意の念仏教団の形成論拠の提示。

八　教団根拠地確立の教示と社会的対応の伝授。

などなど、「あまたの問題」に対応する目的を持っていたのです。

ですから、本文内容も唯円関東一門弟説を起点に見る「異を歎ずる」解釈と、聖人近親者唯円が善鸞符術に対応する『歎異抄』解釈とは全く違う展開となります。

「異を歎」ずる『歎異抄』に、最大の異義・善鸞符術が書かれていないことが、逆に『歎異抄』の真の目的が善鸞問題にあることを示すのです。ご賢察下さい。

第七節　唯円の覚如へ宗主就任依頼の理由

では、何故、唯円は覚如に依頼したのでしょうか。

第一項　親鸞聖人は大乗仏教の社会的創始者

親鸞聖人が開かれた浄土真宗は、聖人が龍樹讃に

「生死の苦海ほとりなし　ひさしくしづめるわれらをば
弥陀弘誓のふねのみぞ　のせてかならずわたしける」

と讃詠されたように、「弥陀弘誓の船」という「大きな乗りもの」に乗せられて私どもはじめ万人が救われ覚りを開く「大乗仏教」です。誰もが阿弥陀仏の全功徳の智慧と慈悲の「本願の名号」の大船によって救われる。そして、念仏者の称名する名号の功徳が有縁の者へ伝播し、次々と連続無窮して万人の救いが成就されるものです。

ですから、この「大乗仏教」は誰でも救われ、誰でも伝道者となれます。発心した行者が智慧を磨き悟りを開き、その個人の力で弟子を導く修行者の仏道とは性格が全

く違います。その驚天動地の論理を開いたのが法然です。

そして、この「大乗」により出家も在家も救われる初めての具体的な社会的証明をされたのが僧侶の親鸞聖人ご自身のご結婚、又、流罪です。その人生全体で、在家の者、更に罪ある者が、更には万人が「大乗」によって救われる道を初めて証明されたのです。その意味で、聖人は大乗仏教の社会的創始者です。

第二項　親鸞聖人近親者（特に血縁者）に聖人「大乗仏教」証明の責任

次に、救いの伝播ですが、念仏者の名号の功徳が周囲の人に受け取られて、大乗仏教が成立します。受け取る者がいなければ成立しません。その中で、何と言っても大乗仏教の創始者の親鸞聖人の近親者が念仏者になることが、それを証明します。ですから、聖人の近親者には聖人の「大乗仏教」を証明する立場と責任があるのです。

その聖人近親者には親族、妻や子や孫、兄弟、従兄弟やその配偶者などいろいろです。ですが、聖人が結婚されたので、交代がきかない血縁者、つまり、直接の子や孫が念仏者となることが、聖人の「大乗仏教」成立を証明する象徴となります。

これは、浄土真宗の寺院でも同様で、住職の説法の真実性を証明するのは、次代を担う子孫の念仏相続です。又、門徒宅でも同様で、「代々の門徒」と子孫が念仏者の誇りと喜びを述べることが大乗仏教成立を証明するのです。子孫が先祖の大乗仏教の宗教的真実性を証明することになるのです。

勿論、場合によっては、血縁者の子孫のみならず近親者も、更に広く法縁のあった方々の念仏相続も同様に「大乗仏教」証明の働きをします。救済が万人に及ぶのが「大乗仏教」だからです。この論理は、修行者の師と弟子の相伝である聖道門の仏教では全くあり得ないことです。

第三項　大乗仏教正意の継承

更に、大乗仏教の正意の継承を考慮しますと、親鸞聖人が師匠法然より法名・聖教・本尊・寿像などの授与による僧侶の認可を得ています。そうです。大乗仏教の正意を伝承するのは師から認可を受けた僧侶の弟子（資）です。その者は法縁のある者は誰でも該当します。しかし親鸞聖人の血縁者の子孫であれば正意継承の象徴になります。つまり、聖人血縁者の僧侶は大乗仏教成立の実証と正意継承の象徴になるのです。親鸞聖人血縁者の宗主制が大乗仏教の真実性、正意継続性を歴史的にも、社会的にも、視覚的にも証明します。

尚、親鸞聖人が法の前の平等から日野家独占を否定されたと言う人がいますが、ご再考下さい。聖人ご自身が関東の造悪無碍対抗に嫡男善鸞を「使節」として派遣されています。近親者（特に血縁者）による正意の継承は教団でも一般の真宗寺院でも、大乗仏教の伝播の論理から言って当然なのです。ですから、その後継僧侶には「大乗仏教の正意」継承に多大な責任が課せられるのです。実は大変なことなのです。

第四項　聖人血縁者が責任をとった教団が本願寺教団

しかし、聖人嫡男善鸞が念仏相続者であっても、造悪無碍への対抗から善行の「符術」に「ずれ」たのです。それで、唯円は聖人血縁者全体で正意の大乗仏教を護る責任があることを覚如に説いたのです。これが分かるのは唯円が聖人近親者だからです。それを受けて、覚如が僧侶となり宗主となって聖人の廟所に本願寺寺号の認可を得て教団を形成します。ですから、本願寺教団は、聖人血縁者・覚如が宗主として大乗仏教を証明する象徴的責任の受託を宣言し、その覚如と、聖人の大乗仏教とを信頼した念仏者が、大乗仏教設立宣言者の親鸞聖人のお墓を拠点に結集した教団と言えましょう。ですから、その本質は日野家が教団を私物化したものではなく、「聖人の大乗仏教」成立を象徴的に証明する存在が、本願寺教団そのものなのです。

第八節　唯円の覚如への教団委託

第一項　覚如は聖人血縁者で、唯円の義理の甥

唯円は新宗主候補者に覚如を選びます。唯円の実父小野宮禅念は覚信尼（親鸞聖人の季娘）と再婚し、聖人墓所の土地を提供しています。そこへ覚信尼が「恵信尼消息」

に触発されて大谷廟堂を建立し留守職に就任しています。覚如はその覚信尼の孫で、唯円の義理の甥です。女性系ですが、親鸞聖人の血縁者です。

覚如は実母が早逝し、祖母覚信尼の薫陶を受け親鸞聖人に圧倒的な敬意を持っています。更に、覚如は聖道門諸師が驚嘆するほどの文学的天賦の才があり、若くて、しかも、善鸞から年齢も血縁も距離があり、最適な委託相手だったのです。

第二項　唯円、覚如へ宗主就任要請

唯円は善鸞が名号を首に架け馬上でさえ常に念仏するほどの継承をしていたが正意でないこと、聖人血縁者の教団に与える影響力の絶大さを目の当たりにしました。そこで、唯円は覚如に、聖人血縁者の僧侶には聖人「大乗仏教」証明の責任と正意の大乗仏教教団引導の責務とその意義あることを強調して、正意を記述した「法文」（『歎異抄』原本）を添付して宗主就任を要請、懇願したのです。

第三項　唯円の「三代伝持の血脈」提示

「大乗仏教」伝播は名号のはたらきなので、当然、血縁の無い弟子へも、近親・血縁の者へも、融通無碍に成立します。唯円は前者の「法然—親鸞聖人」の師弟間相承と、唯円は近親者なので「親鸞聖人—唯円」の後者の近親者（血縁者）相承とを組み合わせて、「法然—聖人—唯円」の「唯円の三代伝持の血脈」を覚如に提示します。それが『この書』本文の冒頭（第十条・中序）と結論（信心一異の諍論）の二箇所にあります。正意を継承している自分自身を示して覚如に信頼されるためと、覚如に聖人血縁者の責務を教示するためでした。

第九節　覚如上人に「唯円」や『歎異抄』へ言及がない理由

このような『歎異抄』原本ですが、聖教名も著者名もない私信のために、当然、覚如上人の著述にも当時の聖教目録（存覚の『浄典目録』）にも『歎異抄』という名前が出てきません。上人周辺は「不審の法文」又は「法文」と呼んでいたのです。この

『歎異抄』原本は日野家私信故に、子孫の蓮如上人が筆写した後は当然日野家に私蔵され今も本願寺内に文箱で保存されていましょう。

又、「唯円」ですが、覚如上人の著述にその名前の記載はありませんが、『慕帰絵詞』のように、覚如上人は「唯円大徳」と常に門弟に言われていたのです。

更に私が、「歎異抄」という題名が無いとするのは、唯円自身が『歎異抄』原本に「なづけて歎異抄といふべし」と覚如に名付けと公開を善鸞問題解決後に託したと思うからです。つまり、一般的には「歎異抄」は本人の命名と思われていますが、もし、唯円自身の命名なら「なづけて歎異抄といふ。」の断言になっているはずです。それが断言でないのです。「べし」には多様な語意があります。お確かめ下さい。

唯円は善鸞の翻意を切望し、又、善鸞に対抗する聖人血縁者の覚如宗主の立場や浄土真宗興隆の行動を邪魔しないようにと、「近親者唯円」の名をあえて伏せたのです。唯円は浄土真宗興隆を最優先にしたのです。

それで、覚如上人の著述に「唯円」という著者名への言及がないのは、そうした唯円の意図を上人が受けたからです。

第一〇節　覚如禁書説は誤解の産物

右のような経緯が分からなかった上に、覚如上人『歎異抄』忌避禁書説は第六条「親鸞は弟子一人ももたず」が日野家中心の教団形成に邪魔だという理由で禁書にしたと述べています。その第六条の言葉を覚如上人が主著『口伝鈔』第六条、『改邪鈔』第四条等に紹介しているのにも関わらず主張しているのです。誤解の産物としか言いようがありません。

第五章　『歎異抄』原本の目的達成への唯円布石（資料篇三参照）

第一節　唯円の目的達成は絶望的

唯円の目的は上述のごとくですが、善鸞は親鸞聖人嫡男で命懸けの善行「符術」に絶対の自信を持ち、鎌倉幕府中枢部に外護者が存在し、民衆からの人望も篤い。対するに、唯円は聖人近親者で面授口訣の弟子で、聖人から要請されて常陸奥郡におもむき泉慶寺を開き、周囲の僧侶から「鴻才弁説の名誉」と信頼されたが、離洛して三〇数年、聖人御遷化からでも二五年以上です。唯円の目的達成は絶望的です。

第二節　唯円の熟慮と布石

唯円は絶望的な悲願を成就させるために苦心します。老齢の唯円は長距離は歩けません。義理の甥覚如に書簡、つまり私信を出そうと思いつつ熟慮に熟慮を重ね布石を打ちます。

（布石(ふせき)は碁の用語。将来を見越して重要な位置に石を置くこと。）

第一項　覚如に信頼される仲介者・如信の選定

唯円と覚如は四〇才前後の年齢差があり、場所も関東と京都と離れ、面識もない。更に長旅は困難で、唯円の思いや日野家との縁故と法脈を覚如に確実に伝えてくれる仲介者が必要でした。そして、なんと、唯円は「善鸞の嫡男・如信！」を選びます。

如信は聖人命日に毎年上洛し法要をし、覚信尼・覚恵の京都大谷廟堂の関係者に信頼されていました。そして、如信は唯円の義理の従兄弟で、帰洛後の親鸞聖人の膝下で共に学び、唯円の関東での活動も知っていました。如信は最適の仲介者でした。それ故、『慕帰絵詞』の「唯円大徳」「親鸞聖人の面授」「鴻才弁説の名誉」という唯円評価は、正に如信の紹介であり、覚如が実感したものだったのです。

第二項　唯円の『歎異抄』原本の委託方法の熟慮と布石

善鸞へ対抗する内容の書簡を、その嫡男如信に委託するので、ことは複雑です。それ故、唯円は更に熟慮し手を打ちます。

（一）文箱使用の「法文」形式

先ず、唯円は公的な「聖教」形式とせず、「法文」つまり「私信」形式で日野家混乱を外部に漏らさず、同時に仲介者如信が見れない「文箱」を使用します。

（二）口頭で私信仲介の依頼

そして、「法文」の概略を伝え、確実に覚如へ手渡してくれよと口頭で依頼します。

（三）自身の名前はじめ関係者名を伏せる。

その如信依頼時に、如信に目的を察知されないように、私信の真意を言いません。又、善鸞の聖人嫡男という圧倒的影響力を知る故に、血縁者覚如宗主の行動を近親者の自分が阻害しないように、自身の名前も伏せます。

(四) 関東全体の異義対応の文章を表面にして、「善鸞符術」や関係者名を伏せる。

例え如信に見られてもよいように、『この書』を関東全域の異義に対処する文面とします。それが、第一一条から第一八条の異義論破の文章群です。そして、その文中に「符術」の名目も、当然「善鸞」の名前も伏せます。又、覚如への宗主委託の文言も直接的には書きません。そして、関東異義論破の論理展開を通して、唯円への基本的信頼を、覚如から得ます。

(五) 添付の善鸞対応「証文ども」にも「善鸞符術」を伏せる

次に直接善鸞に対応する「大切の証文ども」の添付を告知します。しかも、当然、その「証文ども」にも「善鸞符術」を伏せます。つまり、他場面の言葉を応用します。

(六) 善鸞問題解決後の公開依頼

善鸞問題の解決後に、『歎異抄』という聖教として貰いたいと覚如に依頼します。文中の「なづけて歎異抄といふべし」は委託希望で、本人の命名ではありません。

第三節　唯円、『歎異抄』原本が覚如信頼を得る文書構造を考案

更に、その文章構造も覚如に信頼を得るために工夫します。

第一項　『歎異抄』原本の全体構造

唯円が大変熟慮して『歎異抄』原本を上記のように書いたので、現行の『歎異抄』とは形体が相違し、その文書も文書構造も非常に複雑です。

（一）『歎異抄』原本彷彿の『口伝鈔』

先ず始めに全体の形体ですが、『歎異抄』原本は、受託者覚如の『口伝鈔』から考察すると至便です。『口伝鈔』は、覚如悲願の本願寺寺号獲得の前年、恐らく内定を知っ

た喜びの中に、上人六二才の元弘元年・元徳三年一一月の報恩講時、教えの超勝性と宗祖親鸞聖人顕彰によって浄土真宗独立を宣言し、乗専に口述筆記させたものです。その時、多くの他宗、他派、異義、異端に対抗するため、同様の状況下での『歎異抄』原本の論理展開を参考にしたと思われます。以下、両者の文章を対比します。

① 『口伝鈔』の文書構造　　（資料篇三－二、三－三、三－四）

序と第一条　　「覚如の三代伝持の血脈」で、覚如正統性の宣言

第二条〜第二一条　上記を基点に「＊＊ということ」の破邪と正意顕彰の条文

奥書　　「覚如の三代伝持の血脈」で、正統性の確認と述作の意図説明

② 現行『歎異抄』第一〇条以降の文書構造

右記の『口伝鈔』に該当する箇所を探しますと、正にありました。以下の箇所です。

第一〇条と中序　　「唯円の三代伝持の血脈」で、唯円正統性の宣言

第一一条〜第一八条　上記を基点に「**ということ」の「歎異」と正意顕彰の条文。締めくくりが「信心一異の諍論」で、「唯円の三代伝持の血脈」

後序

述作の意図

善鸞に対応する「大切の証文ども」添付を告げ、覚如へ正意の教団興隆を委託する唯円の真意を述べる。

最後、問題解決後に聖教として公開してくれるよう依頼。

本当にそっくりです。『口伝鈔』から参考にした『歎異抄』原本の形体が彷彿とします。そうです、『歎異抄』原本は現行『歎異抄』第一〇条から始まっていたのです。又、『口伝鈔』の四、五、六、七、十九条などは『歎異抄』の意を特に汲み取った条文と思われます。

第二項　唯円は善鸞対抗の文章群を添付

唯円は後序で「大切な証文ども」を「この書に添えまいらせ」たと書きました。それは、現行『歎異抄』の「第一条～第九条」の文章群です。「この書」とは唯円が「歎異抄」と名付けたかったもので、この第一〇条から始まる「書簡」本文です。以後、『**この書**』と言いましょう。「大切」とは「善鸞のずれ・符術」に対応することで、浄土真宗変質を防止する瀬戸際と言うことです。

第三項　唯円の深謀遠慮である如信「漢文」添え書き

更に、唯円は如信に『この書』に添え書きを書かせます。唯円の深謀遠慮で、善鸞対抗の真意から注意をそらせるために、関東の異義全般に対応する『この書』の由来と趣旨を如信に記させたのです。それが、漢文「序文」と漢文「愚禿の勧め」です。「添え書き」なので漢文です。本文が和文、添え書きや奥書が漢文、こういう例は多いのです。蓮如上人奥書も「添え書き」なので統一されて「漢文」です。ですから、それ等が唯円よりの伝聞なので、漢文序文最後や、漢文「愚禿の勧め」の説明の「流罪の記録」の諸処に「と云々」が記されたのです。

第四項　漢文序文は『この書』の由来

漢文序文が『この書』の由来であることは、その記述と、『この書』の順序、つまり「歎異」から「御物語」（「信心一異の諍論」）へと展開が同一なので分かります。尚、現行『歎異抄』には、漢文序文と『この書』の中間に「第一条～第九条」の文書群が挿入されています。蓮如上人の編集のためなのです。後述します。

ある説に漢文序文の「御物語」を「第一条～第一〇条」の文章群とし、漢文序文の及ぶ範囲がそれらのみで全体に及ばないと、漢文序文が間違っているというのがあります。ですが、「物語り」とは過去のことを思い起こして語ることです。これらの文章群は親鸞聖人との対話を直接記述したもので、過去ではありません。それよりも、『歎異抄』自身が後序に「御ものがたり」と記した「信心一異の諍論」が、聖人が過去の出来事を思い起こしたもので、これが該当します。

第五項　漢文「愚禿の勧め」は『この書』の趣旨

文末の漢文「愚禿」は親鸞聖人の生き方を記述したものですが、本意は「愚禿の勧め」です。そして「愚禿の勧め」は『この書』の趣旨です。

『この書』は法然の「念仏には無義をもって義とす」から始まっています。その「無義」を生きた念仏者は親鸞聖人その人です。唯円は覚如に「愚禿親鸞」を紹介し、覚如に「愚禿」を生きよと宗主の人間性の陶冶を教示したのです。そして、そのことを如信に言い、如信も知っていたので如信が記述したのです。恐らくそれが唯円が書いたものでないこと、つまり如信筆を聞いていた初期の写本・永正一三年専精寺本に「流罪の記録・愚禿」がない理由でしょう。

第六項　「愚禿」の説明「流罪の記録」は、教団拠点確立への唯円の教示

更に、唯円は覚如に教団興隆に大谷廟堂の寺院化が絶対に不可欠であり、それには天皇の認可が必要で、天皇家と日野家の長く深い交流を思い起こさせつつ、関係改善が絶対に不可欠と示します。つまり、「愚禿」に関わる「流罪の記録」で、承元の法難の根本原因は「興福寺の敵奏」と「無実の風聞」にあると教示し書かせたのです。

この『歎異抄』の「流罪の記録」記述の意図が大谷廟堂の寺院化に密接な関係があることは、『教行信証』、『歎異抄』、『御伝鈔』の「承元の法難」に対する三者の対応の変化を見れば分かってきます。

つまり、聖人の『教行信証』は念仏弾圧した後鳥羽上皇が隠岐の島に流された承久の乱の直後であり、「主上臣下、法に背き、義に違し・・」の厳しい言葉があります。だが、唯円の『歎異抄』原本の教示を受けた覚如は『御伝鈔』下巻第一段で、承元の法難の赦免に関して「流罪の勅免」「陛下の叡感」や「侍臣の褒美」等を記しています。

ですから、中間の『歎異抄』原本の「流罪の記録」は「愚禿」の経緯を説明しつつ

その根本原因を教示して、天皇家との関係改善を示唆したものと分かってきます。

第四節　『歎異抄』原本概略

これで、聖教名のない私信の『歎異抄』原本の概略が浮上してきます。

「『歎異抄』原本」概略

一『この書』（「私信本体」）　（唯円が「歎異抄」と名付けたかったもの。現行『歎異抄』第「一〇条・中序」が冒頭で、本文最後まで）

二「大切の証文ども」　（『この書』添付の文章群「第一条～第九条」）

三「如信の添え書き」　（漢文の序文と、漢文の愚禿の勧め）

（「愚禿の経緯」に流罪の記録）

の三部分での構成です。そして、それを視覚的に示したのが、如信から覚如が『歎異抄』原本を入手した時の『慕帰絵詞』の絵図で、如信の左にある文箱の中に唯円筆の前二者が、文箱の上の紙片は後者の如信添え書きでしょう。

第五節　『歎異抄』原本の文書構造

このように、唯円の目的達成のために、『歎異抄』原本は一連の目的をもって三部で構成されたのです。以下、もう少し詳しくその文書構造を探っていきましょう。

『歎異抄』原本の文書構造

(一)『この書』・・・唯円が後序で「歎異抄」と名付けたかったと言う書簡の本文

①「第一〇条と中序」「唯円の三代伝持の血脈」、覚如に信頼される唯円の「歎異」の根拠

②「第一一条から第一八条　関東全般の異義に対する唯円の「歎異」の条文群

③「御物語」（信心一異の諍論）「歎異」並びに「正意」の結論である「唯円の三代伝持の血脈」。『この書』の本文に入る。

④「かきつけ候ふ」書簡である「歎異」の本文の締めくくり。

⑤　後序「法文」の意図を述べる。

二つの「唯円の三代伝持の血脈」①③で覚如の信頼を獲得した後、宗主就任を要請するための文章を記述する。それが対善鸞の文章群の添付の告知**⑤の1**、覚如へ宗主就任依頼**⑤の2**、将来の公開依頼**⑤の4**の文章です。

⑤の1　「大切の証文ども」添付の告知　善鸞に対応する条文「第一条〜第九条」の添付を記し、覚如に正意

の教団興隆を委託。

⑤の2　「親鸞聖人の二つの仰せ」　覚如に、善鸞「符術」に対応する「ふたつのおほせ」を記して宗主就任を依頼。

⑤の3　「かきつけ候ふ。」　書簡『この書』全体の締めくくり。

⑤の4　「名づけて歎異抄といふべし」問題解決後に、聖教名の付加と公開を覚如に依頼

（二）『この書』に別添の文章群（唯円筆⑥、如信筆⑦⑧⑨）

⑥「第一条～第九条」・・後序で「この書に添える」と言った「大切の証文ども」

⑦「漢文序文」
⑧「漢文愚禿の勧め」
（⑦⑧）・・唯円が如信に記入させた『この書』の由来と趣旨。

⑨「流罪の記録」・・・・唯円より伝聞の「愚禿」の経緯。教団の拠点確保の教示。

第六節　『歎異抄』原本の中の注目箇所

上記の中の注目箇所を説明しましょう

第一項　「第一〇条と中序」

「第一〇条と中序」①は改行のない一体の文章で、「唯円の三代伝持の血脈」です。
覚如に信頼を得るために、唯円が『この書』の冒頭に配置した本当に重要な文章です。
つまり、浄土教の独立者・法然の言葉、継承して浄土真宗を開いた親鸞聖人の言葉、
それを継承した唯円の言葉であり、

一　唯円の、善鸞に対抗可能な立場の宣言
二　唯円自身の、聖人より正意継承の「歎異」の絶対的根拠
三　「無義」はすべての「歎異」の教学的基点

の三つのことを同時に示します。その上、浄土真宗教団の根拠の言葉にもなります。
つまり、

一　「念仏には無義をもって義とす」は法然の言葉で、聖道門に対応します。
二　「不可称・・」は法然継承の親鸞聖人の言葉で、浄土門異流に対応します。
三　「と仰せそうらいき。そもそもかの御在生のみぎり・・」は親鸞聖人継承の唯円の言葉で、真宗諸派に対応します。

第二項　「唯円の三代伝持の血脈」に法然挿入の理由

尚、唯円は、「法然継承の親鸞聖人面授の直弟子」という「三代」の法縁①と、自身の親鸞聖人の義理の孫という縁故を加味して主張します。ここに法然を入れたのは、善鸞「符術」は法然の選択本願念仏からは絶対に出てこないので、法然を引用して、聖人嫡男の強い立場の善鸞に対抗したのです。

更に、「唯円の三代伝持の血脈」提示は、覚如に覚如自身の聖人血縁者の責任と重要性とを気付かせるものでした。それは、如信挿入の「覚如の三代伝持の血脈」の気付きを引導するもので、もって、覚如に宗主就任を受託させようとしたのです。

この重要性を熟知していた蓮如上人は編集した時、第一条から第九条までを、冒頭テーマの第一〇条に連続し、その第一〇条と中序を当初のままの段落無しの一体の文章形体を残したのです。又、多くの書写本もその上人の文書形態を踏襲したのです。

＊ですが、現在、多くの『歎異抄』解説書は第一〇条と中序とを切り離した文体で紹介しています。そして、第一〇条を前半九カ条と一連にして「師訓編」とし、中序を後半の「歎異篇」の序としています。それも重要な意味があることですが、多くの書写本の底本である『歎異抄』蓮如本の文体を変更することには賛否があります。各自、ご賢察ください。

筆者は、蓮如上人は両方の意味を同時にくみ取れるよう、現行の「第一〇条と中序」一体の文体で聖教化されたと思考します。それ故、僧侶方は、「第一〇条と中序」一体の蓮如本の文章を基本に、第一〇条は前半九カ条を総結したもの、と同時に、唯円が覚如に教団委託のため「唯円の三代伝持の血脈」を私信の冒頭に位置させた重要文章であると、両方の意味をくみ取って下されば幸いです。

第三項　「御物語」の「信心一異の諍論」

「信心一異の諍論」③は漢文序文⑦に記す「御物語」です。そして、これも「法然―親鸞聖人―唯円」という「唯円の「三代伝持の血脈」の宣言です。法然の教えの正意を継承する親鸞聖人、更に、その聖人継承の唯円自身を示したものです。

ですから、ここまでが私信の「歎異」の本文なので、「かきつけ候ふ」④と結びます。

第四項　「大切の証文ども」添付の告知

二つの「唯円の三代伝持の血脈」①③で覚如に絶対の信頼を得た後に、後序⑤として、善鸞「符術」に対応して正意の教団興隆・宗主就任を依頼する本題に入ります。それが「大切の証文ども」の「第一条～第九条」の『この書』への添付の告知⑤**の1**です。始めから善鸞に対応すると言っても、到底、覚如に相手にされないからです。しかも、文面はその真意を隠してのものです。

この添付の「大切の証文ども」⑥は善鸞異義に対応します。「大切」という意味は、もし、善鸞符術を放置すれば、浄土真宗は「阿弥陀仏の本願による救い」から「人間が願う幸福へ利用」されるものへと変質する。それを阻止する条文であると言うことです。

しかも、これらの文章群でも、唯円は善鸞や「符術」への直接の言及は伏せます。ですから「一機一縁」の法語群と見る説もあります。しかし、各条文の前に、善鸞の主張を置き、「ですが、親鸞聖人は○○と仰っていました。」とすれば、全体の一貫した心情と論理が浮かび上がってきます。それを唯円は覚如に口頭で教示したのです。後述しましょう。

第五項　「二つの仰せ」

後序⑤に記された親鸞聖人の「二つの仰せ」⑤**の2**は覚如に宗主就任の依頼です。

ですが、唯円はそれを直接には書きません。内容で教唆したのです。つまり、善鸞のような善行主義に陥ることなかれ。人間は流転し善人の立場はたまたまの存在なので、縁あれば人をも殺す。又、人間の善悪の判断も末通らない、と。その善悪を超える浄土真宗教団の宗主就任を依頼したのです。

第六項　漢文序文と漢文愚禿と、和文「流罪の記録」

漢文序文⑦と漢文「愚禿の勧め」⑧は『この書』の由来と趣旨です。唯円は如信に『この書』が関東一円の異義に対応するものと、その由来を漢文で添え書きさせます。如信の伝聞なので、漢文序文の最後が「と云々」となります。

又、最後に当たり『この書』の趣旨で、覚如へ宗主の人間性陶冶を教示します。冒頭の「無義」を生きた実例の親鸞聖人の「愚禿」の提示⑧です。それを受けた如信が書簡へ添え書きしたので漢文です。

そして、同時に、唯円は「愚禿」の経緯「流罪の記録」⑨を如信に付けさせます。「添え書き」の説明なので和文です。これは、教団の根拠地確保に天皇家との関係修復を教示したものです。

第七節「大切の証文ども」の概略

上記の善鸞対応の「大切の証文ども」「第一条〜第九条」⑥の概略を、唯円から善鸞に対話する語り口で述べましょう。

「大切の証文ども」の概略

〈唯円の言葉〉善鸞さまは聖人の師命を受けて、弾圧を招く「造悪無碍」に対して善人として立ち上がり、名号符で人々を救う「符術」の人助けの善行を懸命にされ、関東教団を統一して有益な教団として鎌倉幕府に認められようと行動され、その結果も出かけています。大変な責任感と命がけのご努力です。敬意を表します。ですが、

第一条　親鸞聖人は浄土真宗は人間の価値観を超えた阿弥陀仏の誓願による救いで

あり、罪悪深重・煩悩熾盛の者をたすけるもので、老少善悪を簡ばない、人間の価値観に左右されない救い、と言われていました。

第二条　そして、親鸞聖人は御自身を「地獄は一定すみか」と言われ、「ただ念仏して弥陀にたすけられまいらすべし」と言われた法然上人のお導きを頂き、阿弥陀仏・釈迦仏の二尊一致のお言葉に随順するのみと、「愚身の信心」を語って下さったのです。

第三条　その法然上人は「善人なおもて往生をとぐ　いわんや悪人をや」と言われていたのであり、聖人はこの言葉の中に自分の生きる道を見出したと言われていたのです。

第四条　善鸞さまの名号利用の「符術」の善行は命懸けで頭が下がりますが、それは必ず限界に達し、念仏申すという浄土の大慈悲心こそが究極の救済と気付かれる時がくるでしょう。聖人は「浄土の慈悲」を常に言われていたのです。

第五条　しかし、目の前で苦しみ死んでいく肉親を救いたい、宗教者は人々の苦悩を救うべきだという気持ちも痛いほど分かります。しかし、親鸞聖人は「念仏による身近な方の本当の救い方、つまり、浄土の慈悲のあり方がある。」と言われていたのです。

第六条　善鸞さまは教団を救うために師命を受けて無理をされています。確かに教団は混乱しています。ですが、皆を自分の弟子にして関東全体を統一しようと焦って下さいますな。親鸞聖人は師匠でありながらも「親鸞は弟子一人ももたず」と弟子自専を自戒され、阿弥陀仏の慈悲に目覚めた者は「師の恩を知るべきである」と弟子の自覚を喚起しつつ、本願の自然によって念仏教団が形成されると言われていたのです。

第七条　そして、念仏者は無碍の一道をあゆむ者として、親鸞聖人は私どもをとことん信頼して下さいました。

第八条　善鸞さまは名号利用の「符術」で人助けをされていますが、聖人は念仏は行者には非行非善、つまり、念仏は阿弥陀仏御自身の救いの行で絶対的善であり、「他力」の救いと言われていたのです。

第九条　親鸞聖人さえ「念仏しても踊躍歓喜の心少なく、浄土へ早く参りたいとも思わぬ煩悩の深い凡夫」と言われ、「他力の悲願はかくのごとし　われらがためなりけりとしられて、いよいよたのもしくおぼゆるなり」と、私どもと全く同じ心情を素直に語って下さいました。

だからこそ、私どもはその人間味溢れる親鸞聖人を尊敬し、その説かれる善悪上下を超える万人が救われる大乗仏教に頷き随順してきたのです。どうぞ、善鸞さま、凡夫となって仏徳を御讃嘆下さい。皆、あなた様に付いていきます。

第八節　「大切の証文ども」は日蓮問題の言葉の応用

だが、これら「大切の証文ども」は善鸞に直接に対応した文章でなく、他場面での文章の応用と思われます。

当時の宗教界は悲惨な状況にある社会の救済活動に全力を傾注していました。善鸞の流行病蔓延の中の命がけの「符術」も、真言律宗の忍性のハンセン病患者の救済事業も、日蓮の安国を願う熱烈な唱題も、皆、必死の思いで行動していたのです。

その中で、『歎異抄』第二条と親鸞聖人八八才の乗信坊への書状が同一状況、同一内容と見えてきて、「第一条～第九条」の文章群全体が聖人八八才時の日蓮問題へ対応したもの、つまり、唯円がそれを善鸞問題に応用したと見えてきました。

以下、その概略を提示しましょう。尚、一般的には第二条の背景が善鸞問題と解説されています。各自比較ご検討下さい。

一、日蓮は社会混乱の原因を誤謬の宗教の横行にあると「四ヶ格言」を主張します。特に、文応元年七月に「正嘉の大飢饉」に際し、法然『選択集』を厳しく問題視する『立正安国論』を鎌倉幕府に提出します。幕府周辺にも多くの念仏者がいて、それは一部念仏者の激怒を買い八月に事件が起きます。それで、急遽、乗信坊たちが親鸞聖人へ浄土往生の道を尋ねるために常陸奥郡より上洛します。

二、同年一一月一三日付けの親鸞聖人八八才の乗信坊への書簡は、乗信坊達が七月の『立正安国論』問題で、稲の刈り入れ直後に上洛し、直接教えを受けます。そして彼らが大雪の降る前に常陸へ帰着するために出発する前夜に、聖人が彼らとの対話の内容をまとめ、授与したものでしょう。そして、この書簡と同状況が『歎異抄』第二条と思われます。

三、『歎異抄』第二条に「南都北嶺」や、四回も「地獄」が記されています。これらは善鸞問題では直接の関連が少なく、日蓮の四ヶ格言の「念仏無間地獄」にこそ関係があります。

四、『歎異抄』第二条に二度の「善導の御釈」とか、「阿弥陀仏」「釈迦」とあり、善導の「二河白道の比喩」が想定され、他宗からの論難への対応と思われます。一方、親鸞聖人は建長六年一一月茨城県照願寺へ「二河白道の比喩」述べ書きを授与されています。前年四月の日蓮の論難に対応されたもので、同じ対応でしょう。

五、『歎異抄』第六条の背景は『口伝鈔』第六条で分かります。『歎異抄』前半、九ヶ条の背景には念仏の慈悲行の問題があり、それに対して阿弥陀仏の誓願による救いが浄土真宗であると、本質を語ったのが『歎異抄』第一条でしょう。

六、念仏による社会的救済の問題意識が、『歎異抄』第四条の「聖道の慈悲」と「浄土の慈悲」の対比でしょう。

七、信楽坊は名号符術で社会を救済すべきと主張し、阿弥陀仏御自身の救済が浄土真宗だと諭す親鸞聖人と意見が別れ、おそらく関東の善鸞の元へと席を立ったのです。その時、蓮位が聖人署名入り聖教取り戻しを進言します。対応する言葉が『歎異抄』第六条です。『口伝鈔』第六条に詳説されています。

八、日蓮の「念仏無間地獄」の論難に、親鸞聖人が阿弥陀仏の救いの焦点がその論難する地獄一定の者にあてられており、なんら論難を恐れる必要がない。弥陀釈迦二尊の言葉に従おう、行者の言葉に左右されることはない、と二河白道の意を述べたのが『歎異抄』第三条でしょう。

九、地獄一条の者を救うという阿弥陀仏のお慈悲を頂いて念仏者は無碍の一道を歩むというのが『歎異抄』第七条、念仏は人間の善でないので行者にとって非行・非善とするのが第八条、行者にとって不回向と言ったのが第五条でしょう。

一〇、乗信坊達が常陸奥郡に帰る前日に、親鸞聖人が「信仰の正邪によって死や臨終の善悪があるのでなく、生が死の原因であり、死の縁は無量という生死無常のことわりを確かめよ」「念仏の救いは臨終の善悪を超える」「浄土宗の者は愚者になりて往生する」と言う書簡を乗信坊に書いて授けられた。『歎異抄』第九条を、その書簡を唯円が筆写した直後の聖人との対話と見なすと、状況と内容が合致します。

唯円は、これらの親鸞聖人の言葉を応用して、善鸞「符術」問題に転用したのです。ですが、文面のみでは全く分かりません。唯円は上洛し、覚如に対面して真意を口頭で伝えたのです。対善鸞の書簡だと仲介者如信に分からせない深謀遠慮の布石です。

以上、「法文」(『歎異抄』原本)は複雑で重大な内容を持つ、唯円から義理の甥覚如への私信であり、『歎異抄』の受託者は覚如上人だったのです。

第六章　唯円布石と蓮如上人聖教化で左右される現行『歎異抄』解釈

第一節　蓮如上人「聖教化」御指南の重要性

蓮如上人は数分割の『歎異抄』原本を聖教化され、そのことを御指南で教示されました。その御指南を考慮しながら現行『歎異抄』を解釈しなければ、その目的やはたらきが不明になります。上人御指南の重要性を常に考慮する解釈が必要です。

第二節　唯円布石と蓮如上人聖教化で『歎異抄』原本変貌

上記の唯円の「法文」に関わる深謀遠慮の布石と、後に詳述する蓮如上人の「法文」編集による『歎異抄』への聖教化によって、『歎異抄』原本は大きな変貌を遂げます。それ故に、『歎異抄』の真意や原形に辿り着くには蓮如上人の御指南や覚如伝記『慕帰絵詞』や覚如著述から考察する必要がありますが、多くの解説書は素晴らしい内容に早く入りたいため、それ等を素通りしてしまったので、現行『歎異抄』の解釈が多方面で大きく左右しています。こうした最初のボタンの掛け違いというべき視点の違いが、あらゆる場面での相違になります。以下、項目を列挙して確認しておきましょう。

第三節　蓮如上人御指南「歎異抄一通」視点の拙著と素通り解釈の相違

蓮如上人の「歎異抄一通」を視点とした拙著と、それを素通りした解釈とは見える世界が相違します。あたかも横からみれば四角形、上からは円形。斜めから見れば円柱と分かるようなものです。筆者に見えてきたものと既存の説＊を比較しましょう。尚、これらは失礼なところや、筆者の思い込みが多々あると存じます。お許し頂くと同時に、冷静に比較ご検討頂ければ幸いです。

第一項　唯円は覚如上人の義理の叔父

『歎異抄』の著者唯円は、覚信尼の再婚相手小野宮禅念の次男源輔時、覚如上人の義理の叔父です。

＊だが、今もって唯円は関東の一門弟とされ、小野宮家の詳細と日野家・九条家との関連や、唯円の出自が確定出来ていない。又、その出自によって『歎異抄』の原形やはたらき、その文面の解釈が大きく左右されるとは思っていない。

第二項　『歎異抄』原本は「私信」

『歎異抄』原本は題名のない日野家親族間の「私信」でした。

＊だが、それを指南した蓮如上人の言葉を素通りしたので、『慕帰絵詞』の「法文」が『歎異抄』原本と想定していない。唯円が覚如に将来の公開希望を委託した「歎異抄といふべし。」を唯円本人が題名を付加したと誤解し、当初から題名ある聖教として探すので所在不明に陥って混乱している。

第三項　『歎異抄』原本には正意の教団興隆委託の目的

『歎異抄』原本は唯円から義理の甥覚如上人へ正意の教団興隆を依頼した日野家親族間の私信で、明確な目的がありました。

＊だが、関東一門弟の唯円個人の信仰書や備忘録と受け取り、特に親鸞聖人観や教団論について『歎異抄』原本本来の目的に沿った解釈がなされていない。

第四項　第六条は念仏教団の形成論拠

『歎異抄』第六条は僧侶師弟間の対話で、唯円の目的から言って、覚如に教示した「僧侶の師資相承を骨格とする正意の念仏教団の形成論拠」です。「教団形成の縦糸」用の言葉です。聖人は「師匠の立場を堅持」しつつ、「師の高み」から降りられたのです。

＊だが、僧侶間の対話と見ず、更に、『歎異抄』を信仰書と見て、聖人が「師匠の立場を降りた」と誤解し、御同朋御同行を大切にし上下関係を望まない「教団形成の横糸」用の条文と見ている。もっと言えば「親鸞聖人は教団をつくる気がなかった」と「教団形成否定の条文」と誤解することもある。

第五項 『歎異抄』原本は私信故、子孫蓮如上人が保持

『歎異抄』原本は書簡で、著者唯円は日野家近親者で、宛先は義理の甥・覚如上人です。それで、日野家に伝来し、子孫の蓮如上人が保持していたものです。

＊だが、覚如に敵対した唯善への聖教とみなし、唯善の師・唯円を覚如の敵対的立場と見て、『歎異抄』最古の書写者蓮如上人の入手経路に疑問を呈している。

第六項　『歎異抄』原本は「法文」と呼ばれ、覚如上人絶賛

『歎異抄』原本は聖教名の無い私信でした。それを受託の覚如上人は「法文」と呼称し、その『歎異抄』原本も著者の唯円も常に絶賛していました。『慕帰絵詞』のとおりです。その覚如上人を継承したのが蓮如上人です。

＊だが、この『慕帰絵詞』との関連を想定せず、覚如上人・蓮如上人が『歎異抄』名を出していないと、『歎異抄』を忌避・隠蔽・禁書にしたと誤解している。蓮如上人御指南を素通りした弊害がまともに出ている。

第七項　『歎異抄』原本対応は善鸞符術

『歎異抄』原本の歎異の本当の相手が善鸞「符術」でした。唯円は関東全体の異義に対応する文面でその真意を隠し、善鸞の嫡男如信に仲介を依頼しました。『慕帰絵詞』記述の通りです。

＊だが、多くの解説書は『歎異抄』を関東全体の異義に対応した聖教と想定し、

善鸞問題を第二条の背景のみで解釈している。

そして、当初、如信や覚如を『歎異抄』著者に想定したが、著者唯円説確定後は両者の位置付けを忘却している。『慕帰絵詞』素通りの弊害が出ている。

第八項　『歎異抄』原本の「この書」とは第一〇条からの私信本体

後序記述の「この書」とは、唯円が「歎異抄」と名づけたかった書簡で、覚如へ依頼する私信本体（第一〇条・中序から始まる書簡）を示す言葉です。『歎異抄』原本形体が受託者覚如の『口伝鈔』と極似していることに気付かなかったのでしょう。

*だが、『歎異抄』原本を私信と見ていないので、第一〇条を前に付けて師訓篇とし、中序以下を歎異篇としたり、文形や「この書」に諸説が出てきている。

第九項　「大切の証文ども」とは「第一条～第九条」の文章群

「大切の証文ども」とは『この書』が目的にしている「大切」な「対善鸞の証文ども」

の「第一条～第九条の文章群」であり、『この書』に添付されていたものです。それが、蓮如上人の編集で前置されています。

＊だが、蓮如上人の編集を想定できず、又、それが対善鸞篇と見ず、「大切」の意味や「証文ども」に諸説がある。

「大切の証文ども」の諸説

① 散逸説　・深励、梅原真隆

②『血脈文集』説　・了祥

③「第一条～第九条」説　・近角常観（漢文序文と第一〇条。以下対応）

　・山崎精華　尾野義宗

④「第一条～第一〇条」説　・神子上恵龍　佐藤正英、多数

⑤「後序の二つの文章」説　・多屋頼俊　安良岡康作

など

第一〇項　『歎異抄』原本は対善鸞の真意を隠した私信

『歎異抄』原本は、善鸞問題に対処する書簡でした。唯円が仲介を長男如信に依頼するため、善鸞の名前や符術を載せず、関東全般の異義に対応する文面にしたのです。

＊だが、現在、『歎異抄』は、多くの異義に対処する一冊の聖教として書かれたと見られ、『歎異抄』全体が善鸞に対処するものと思われていない。第二条の背景で言及されているのみです。

第一一項　『歎異抄』は蓮如上人の編集

覚如上人が「法文」と呼ぶ『歎異抄』原本は第一〇条から始まる『この書』と、添付した「第一条～第九条」の「証文ども」と、「如信の添え書き」の三部分でした。それを蓮如上人が書写、編集、聖教化したのです。現行『歎異抄』は、それに蓮如上人の御指南を加えたものです。

＊だが、当初から一冊の聖教と思い所在不明に陥ったり、文形解釈に諸説が混在

している。又、幾つかの部分の編集という説もあるが、確定出来ていない。

第一二項　漢文序文は『この書』の由来

漢文序文は第一〇条から始まる『この書』の由来です。その漢文序文にある「御物語」が、後序に「御ものがたり」と紹介する「信心一異の諍論」です。

＊だが、漢文序文を現行『歎異抄』の序文と見て、漢文序文の「御物語」を「第一条～第一〇条」の語録群と見て、逆に、蓮如上人が漢文序文の範囲を誤ったと見ている。

しかし、「物語」とは「過去を振り返り、もの語る」ことです。対して、語録群は「直接の対話の記録」であり、「物語」ではありません。

第一三項　漢文序文は如信の聞き書き

漢文序文最後の「と云々」は「如信の、唯円からの伝聞」を示しています。

＊だが、これを蓮如上人の書写の錯誤や蛇足と見ている。しかし、蓮如本には錯誤には訂正や挿入が四十カ所以上あります。「と云々」の記述が錯誤なら当然訂正されたでしょう。「と云々」は明確に伝聞を意味しているのです。解説書が最高の「有縁の知識」である蓮如上人を信頼していないのです。

第一四項　『歎異抄』原本冒頭は「第一〇条と中序」

「第一〇条と中序」は一体で『この書』冒頭を形成し、「唯円の三代伝持の血脈」を示し、唯円「歎異」の教学的根拠です。又、教団の根拠です。それ故、改行がなく一体なのです。

＊だが、それを分離して、第一〇条を前半に付け、中序以下を後半へと分離し、前半を「師訓篇」、後半を「歎異篇」として解釈する註釈書が大変多い。この解釈は深い味わいをもたらせる面がありますが、唯円の歎異の根拠である「唯円の三代伝持の血脈」を不明にし、教団の根拠をも不明にし、更に、『歎異

抄』原本が覚如上人へ正意の教団興隆依頼の私信という原形や目的を不明にしてしまっている。やはり解説書が蓮如上人を信頼していないのです。

第一五項 『歎異抄』三つの序文は各目的を所有

漢文序文は、第一〇条から始まる『この書』の由来で如信の添え書きです。又、第一〇条と中序は一体で、『この書』の冒頭にある「唯円の三代伝持の血脈」です。更に、後序は唯円の覚如上人への委託の言葉です。序文は各々目的があるのです。

＊だが、多くの解説本が蓮如上人編集聖教化に気付かず、『歎異抄』が当初から一冊の聖教であったと見て、なぜ三つの序文があるのか、なぜ後序が特に長いのかに不審を持っている。

第一六項 「信心一異の諍論」は「唯円の三代伝持の血脈」

「信心一異の諍論」は『この書』の歎異顕正の条文の結論である「唯円の三代伝持

の血脈」です。『この書』冒頭の「第一〇条と中序」の「唯円の三代伝持の血脈」と首尾一致し、関東全般の異義への「歎異」の締めくくりです。つまり、「信心一異の諍論」は本文に入り、漢文序文に言う「御物語」に相当します。

＊だが、「信心一異の諍論」を単なるエピソードと見て、「唯円の三代伝持の血脈」と見ずに後序に入れて解釈することが多い。それで、本文の範囲が狭くなり、後序が長くなったと解釈している。

第一七項　第六条は覚如への念仏教団の形成論拠の提示

『歎異抄』第六条は親鸞聖人が述べた「僧侶の師資相承を骨格とする正意の念仏教団形成の縦糸用の論拠」であり、覚如へ宗主就任要請の条文です。受託した覚如上人はその事情を関東巡錫で確かめ『口伝鈔』第六条に記述しました。

＊だが、覚如上人の関東巡錫のご苦労と『口伝鈔』第六条は素通りされ、『歎異抄』第六条の背景を説明せず、親鸞聖人が師匠の立場を降り、生涯弟子の立場を堅

持したと解釈し、教団形成横糸用や形成を否定する条文であると第六条をずれて解釈している。その影響が教団論に出てきている。（第八章に詳述）

第一八項　善鸞の「ずれ」を血縁者覚如が補完

善鸞は親鸞聖人の師命を受け、造悪無碍に対処し命懸けで「符術」の善行をし、弾圧を回避し、幕府や守護に信頼され民衆にも大歓迎された。唯円は善鸞の「ずれ」を惜しみ翻意を願い「歎異」しました。それで、覚如上人は善鸞符術を「歎異」した後、聖人と善鸞との対話を見た顕智の言葉を紹介し、「内証外用の徳を施して、融通し賜ふむねありけるにや」「仏の変作」「巧方便」と再評価し、善鸞後継の如信の教団を吸収しました。それを弟子達が『慕帰絵詞』に記述しました。

＊だが、善鸞問題を『歎異抄』第二条の背景と見て、善鸞を直線的に非難否定し、再評価しない雰囲気が強いようです。歎異の精神を忘れている。

第一九項　『歎異抄』は「浄土より来生」の聖人を讃仰

唯円は「法文」（『歎異抄』原本）で親鸞聖人の浄土往生の姿を書き留めると共に、「聖人」使用によって法然同格の「浄土から来生した方」と讃仰しました。

＊だが、多くは、『歎異抄』の「浄土より来生」の聖人像に気が付かず、『歎異抄』が「人間親鸞」「苦悩の中に真実を求めた一求道者」「御同朋御同行と共に道を歩む先達の一念仏者」を示していると思い、聖人を自分達の味方のように好意的に受け取りました。そして、この『歎異抄』解釈が聖人の謙虚さを際立たせ、念仏流通の大きな要因になりました。

ですが、そのことが同時に、聖人の仏徳や、大乗菩薩道の師匠の聖人像や、僧侶の師資相承の重要性を見失わせ、更には、覚如上人や蓮如上人の『歎異抄』禁書説の極端に連続したのです。（第七章に詳述）

以上が、蓮如上人御指南から筆者が受けとった『歎異抄』観であり、現行『歎異抄』

解説との相違や、禁書説と対応させた概略です。

ですが、論理が飛躍したところや説明不足も多いと存じます。以下、もう少し深く本質を論究したいと思います。

第七章　唯円『歎異抄』原本の「浄土から来生した親鸞聖人」顕彰

前後しますが、唯円の『歎異抄』原本の親鸞聖人観を尋ねましょう

第一節　唯円、聖人の『教行信証』と『和讃』と仏徳に驚嘆

唯円は上洛した親鸞聖人から学ぶ中に、法然の『選択集』を超える、阿弥陀仏の四八願の中にすべての宗教を真仮偽判、二双四重判で位置づけ、第一八願の救いの中に誘引する『教行信証』の六三法門と言われる雄大な論理体系を目の当たりにして驚嘆します。更に、その難解な論理を今様（いまよう）という流行歌形式の『和讃』によって一般大衆にお慈悲を情的に伝える姿にも驚きます。そして、砂糖の味は砂糖が知らせるように、阿弥陀仏の救いを阿弥陀仏自身が知らせに来て下さったと聖人の仏徳を実感します。更に、万人の救いである「大乗仏教」を自身の結婚で実証し、かつ、弾圧流罪を甘受し、僧俗や善悪を超える阿弥陀仏の救いを身証するなど命懸けで伝道される親鸞聖人

の人生に感謝し、「浄土から来生」の聖人観を覚如に教示します。

一般に、『歎異抄』には御同朋御同行と共に浄土へ往生する謙虚な聖人が説かれたと思う人が多いのですが、実は唯円には聖人の宗教的真実の姿が見えていたのです。

第二節　重要な「親鸞聖人」の呼称

唯円は『歎異抄』原本に聖人の言動を紹介し現実の姿を勿論教えてくれています。ですが、もう一面の「浄土より来生した親鸞聖人」を穏便に示しています。それは、唯円の親鸞聖人の呼称を注意深く見れば分かります。

第一項　『歎異抄』原本における各種の親鸞聖人呼称

唯円は『この書』添付の「大切の証文ども」での聖人語録は直接話法なので、ご本人が言われた「親鸞」を敬称つけずにそのまま引用しています。七ヶ所あります。

そして、私信本体の『この書』の後序では覚如依頼する時には親族関係を示すため敬称を略します。四ヶ所あります。

ですが、第一〇条からの『この書』での関東の異義全般に対応する大乗菩薩道の師匠としての言葉の引用には「聖人」「故聖人」を十ヶ所と多用します。つまり、『歎異抄』原本には聖人の呼称に使い分けがあるのです。唯円の意図的な使い分けです。

第三節　唯円の「聖人」は法然同格の「浄土より来生」を示す

唯円の使い分けの意図を汲むと、特に注目すべきは『この書』の本文での第一一条から第一八条迄、関東の異義に対応して「聖人」を多用し、その結論にあたる「信心一異の諍論」で「聖人」使用の意図を示していることです。つまり、

「右条々は、みなもて信心のことなることよりおこりさふらうか。故聖人の御ものがたりに、法然聖人の御とき、御弟子そのかずおはしけるに・」（資料篇二八八頁）

と記します。つまり、ここで、唯円は「聖人」を多用したのは浄土より来生した「法然聖人」と同格を示そうとしてきたと、「故聖人」を使用しているのです。

「法然聖人」の「聖人」とは、当時の人々が、又、親鸞聖人ご自身が「勢至菩薩の化身」「阿弥陀如来の来現」と讃えた方の敬称です。唯円はそれと同じ「聖人」を使用したのです。その上、この「信心一異の諍論」では両者の信心が「如来よりたまわった信心」で同一だと結論付けています。弟子の誰もが思ってもいなかったことです。唯円はここにも法然同等の親鸞聖人の突出したお徳を記しているのです。

つまり、唯円は『この書』本文で親鸞聖人を法然聖人と同格の「浄土より来生」して下さった方と穏便に示したのです。なかなか気が付かないことですが、『歎異抄』原本は法然同格の「浄土から来生の親鸞聖人」像を顕彰していたのです。

第四節　『歎異抄』原本の「浄土より来生の聖人」観が第六条解釈を大きく左右

このことは、第六条の「親鸞は弟子一人ももたず」解釈に大きな影響があります。つまり、この言葉は聖人の直接話法一人称で、勿論、敬称はありません。ですが、唯円は『歎異抄』原本の「愚禿」の所で教示したように、「親鸞」が天親菩薩と曇鸞大師の両大乗菩薩から頂き、大乗菩薩道の師匠名として立ち上がったことを熟知しています。

それ故、唯円の『歎異抄』原本では、「聖人」が「浄土より来生」を示し、「親鸞」は大乗菩薩道の師匠名を示し、もって、「親鸞聖人」の呼称で**「浄土より来生し、人々を救う大乗菩薩道の師匠」**を示しているのです。

ところが、このことが分からないと、第六条の「親鸞」は単なる人名になり下がり、「浄土より来生」の仏徳や、末法を救う「大乗菩薩道の師匠」のお徳への敬意が激減し霧散消滅します。そして、「師匠の高み」から降りた聖人を、「師匠の立場」を降りたと誤解し、「御同朋御同行の兄・念仏の先達者の親鸞」と狎れて、敬称略で呼ぶような不遜に陥ってしまい、聖人観や教団観にも大きな影響が出てくるのです。

第五節　覚如上人は法然聖人同格の「浄土より来生した親鸞聖人」を顕彰

この唯円の『歎異抄』原本の親鸞聖人像の教示と、幼時から薫陶を受けた祖母覚信尼から伝承した『恵信尼消息』の親鸞聖人本地が観世音菩薩という記述、更に晩年に入手した『蓮位房夢想の記』から、覚如上人は六二才の『口伝鈔』第一二条に、

「わたくしにいはく、源空聖人、勢至菩薩の化現として本師弥陀の教文を和国に弘興しましします。親鸞上人、観世音菩薩の垂迹として、ともにおなじく無碍光如来の智炬を本朝にかがやかさんために師弟となりて、口決相承しましますこと、あきらかなり。仰ぐべし、たふとむべし」

（法然聖人への敬意より、親鸞聖人でなく「上人」を使用か）

と述べました。両者を阿弥陀仏の両脇士の勢至菩薩と観世音菩薩に配当し、お二人が師弟となられたからこそ、阿弥陀如来のお慈悲が日本全体に輝いたと讃えたのです。

第六節　覚如上人、聖人が大慈阿弥陀如来という蓮位夢想を紹介

更に、『口伝鈔』一三条に「聖人」を使用しつつ、その「蓮位夢想の記」を引用して、「蓮位房　聖人（親鸞）常随の御門弟、真宗稽古の学者、俗姓源三位頼政卿順孫夢想の記。建長八歳　丙辰　二月九日の夜寅の時、釈蓮位、夢に聖徳太子の勅命をかうぶる。皇太子の尊容を示現して、釈親鸞法師にむかはしめましまして、文を誦して親鸞聖人を敬礼しまします。その告命の文にのたまはく、

「敬礼大慈阿弥陀仏　為妙教流通来生者　五濁悪時悪世界中　決定即得無上覚也」文。この文のこころは、「大慈阿弥陀仏を敬ひ礼したてまつるなり。妙なる教流通のために来生せるものなり。五濁悪時・悪世界のなかにして、決定してすなはち無上覚を得しめたるなり」といへり。」

と、国史の『日本書紀』に絶賛する聖徳太子が、親鸞聖人を慈悲そのものの「大慈阿弥陀仏」と敬礼されたとまで述べたのです。一教団が公開する誰もが見る聖教の中でのこの記述は全く驚くより外ありません。

ですが、これほどのことを蓮位が感じ、又、覚如上人が紹介する背後には相当の理由があると思われます。それは畏れ多いことで明らかになっていませんが、親鸞聖人のお徳が天皇家、更には末法の全世界を救うほどのとてつもなく桁違いに広大であると蓮位が実感し、覚如上人が公開しても皆が反対せず納得する背景があったと言うことでしょう。（別に詳述したく思っています。）

第七節　覚如上人、康永本『御伝鈔』で親鸞聖人像を完成

そして、覚如上人はその後入手した定禅法橋の霊夢の記録などを加味して、七四才時の『御伝鈔』康永本に上巻第四段「蓮位夢想」と同八段「定禅霊夢」を挿入して、「浄土より来生した親鸞聖人」を自信をもって打ち出したのです。覚如上人二六才時の『御伝鈔』永仁本には無かったものです。つまり、「浄土へ往生」した歴史的聖人像と「浄土から来生」した宗教的聖人像を混然一体に示したのです。

ですから、覚如上人の聖人観は『恵信尼消息』と『歎異抄』を継承し、弟子達の霊

夢の実感の裏付けを得たもので、「親鸞聖人」を使用するのは単なる敬称ではなく、「浄土より来生した大乗菩薩道の師匠」の意味なのです。

その方の出現によって流転輪廻を断ち切られ、浄土へ往き生れることができる私共は『歎異抄』解釈の時のみならずあらゆる場面で敬意を払うべきです。敬称抜きでお呼びする不遵はあってはならないことです。

第八章　『歎異抄』原本第六条の真意は「僧侶の師資相承を骨格とする正意の念仏教団の形成論拠」

第一節　多大な影響力のある『歎異抄』第六条の全文

更に、親鸞聖人観や教団論に大きな影響力を持つ『歎異抄』原本第六条の真意を考察しましょう。その全文は、以下の通りです。

「専修念仏のともがらの、わが弟子、ひとの弟子といふ相論の候ふらんこと、もつてのほかの子細なり。親鸞は弟子一人ももたず候ふ。そのゆゑは、わがはからひにて、ひとに念仏を申させ候はばこそ、弟子にても候はめ。弥陀の御もよほしにあづかつて念仏申し候ふひとを、わが弟子と申すこと、きはめたる荒涼のことなり。つくべき縁あればともなひ、はなるべき縁あればはなるることのあるをも、師をそむきて、ひとにつれて念仏すれば、往生すべからざるものなりなんどいふこと、不可説なり。如来よりたまはりたる信心を、わがものがほに、とりかへさんと申すにや。かへすがへすもあるべからざることなり。自然のことわりにあひかなはば、仏恩をもしり、また師の恩をもしるべきなりと云々」

（『浄土真宗聖典註釈版』八三五頁）

第二節　親鸞聖人は「師の立場」堅持

時に第六条の「親鸞は弟子一人ももたず」を、「師の立場を降りた」と釈する向きがありますが、誤解です。以下、聖人の「師の立場堅持」を確かめましょう。

第一項　『口伝鈔』より分かる師匠親鸞聖人の聖教授与の前提

この『歎異抄』第六条の経緯は受託者覚如が三年関東を巡錫して、当事者の信楽坊と対面して記述した『口伝鈔』第六条を見ると分かります。

京都での対話途中、新堤の信楽房が見解の相違から常陸へ帰国します。蓮位が、聖人が授けた本尊・聖教、特に「釈親鸞」の署名入りの聖教の取り戻しを進言します。その時のお言葉です。つまり、親鸞聖人が師匠として署名入り聖教を授けられたことが前提なのです。(『改邪鈔』第六条にも同趣旨)

以下、『口伝鈔』第六条全文を紹介しておきましょう。その背景に善鸞の符術に関わる念仏者の衆生利益、慈悲行の問題があることもわかります。お確かめ下さい。

『口伝鈔』第六条

「弟子・同行をあらそひ、本尊・聖教を奪ひとること、しかるべからざるよしの事」

「常陸の国新堤の信楽坊、聖人　親鸞　の御前にて、法文の義理ゆゑに、仰せをもちゐまうさざるによりて、突鼻にあづかりて本国に下向のきざみ、御弟子蓮位房申されていはく、「信楽坊の、御門弟の儀をはなれて下国のうへは、あづけわたさるるところの本尊・聖教をめしかへさるべくや候ふらん」と。「なかんづくに、釈親鸞と外題のしたにあそばされたる聖教おほし、御門下をはなれたてまつるうへは、さだめて仰崇の儀なからんか」と云々。聖人の仰せにいはく、「本尊・聖教をとりかへすこと、はなはだしかるべからざることなり。そのゆゑは親鸞は弟子一人ももたず、なにごとををしへて弟子といふべきぞや。みな如来の御弟子なればみなともに同行なり。念仏往生の信心をうることは、釈迦・弥陀二尊の御方便として発起すとみえたれば、まつたく親鸞が授けたるにあらず。当世たがひに違逆のとき、本尊・聖教をとりかへし、つくるところの房号をとりかへし、信心をとりかへすなんどいふこと、国中に繁昌と云々、かへすがへすしかるべからず。本尊・聖教は、衆生利益の方便なれば、親鸞がむつびをすてて他の門室に入るといふとも、わたくしに自専すべからず。

如来の教法は総じて流通物なればなり。しかるに親鸞が名字ののりたるを、法師にくければ袈裟への風情にいとひおもふによりて、たとひかの聖教を山野にすつといふとも、そのところの有情群類、かの聖教にすくはれてことごとくその益をうべし。しからば衆生利益の本懐、そのとき満足すべし。凡夫の執ずるところの財宝のごとくに、とりかへすといふ義あるべからざるなり。よくよくこころうべし」と仰せありき。」

とあります。(「師資相承」の「資」とは「弟子」のことです。)

第二項　自名「親鸞」は大乗菩薩道の師匠名

「親鸞」は浄土から来現の法然亡き後の末法の世に、観音菩薩の号命を受けて、天親菩薩、曇鸞大師の両菩薩から名前を頂き、末法を救うとして立ち上がられた大乗菩薩道の師匠としての名告りです。しかも、『歎異抄』末尾に「流罪以後　愚禿親鸞と書かしめたまふなり」とあるように、流罪以後、聖人がその覚悟を以て自ら名告られたものです。第六条の自名は晩年まで名告られた弟子の名「善信」ではないのです。『歎異抄』原本の「聖人」は、法然同様の「浄土から来生した方」を示す敬称で、これを受託者覚如上人が継承したことを前述しましたが、留意しておくべきです。

第三項　親鸞聖人は聖教・本尊を下付

聖人は、「釈親鸞と外題のしたにあそばされたる聖教おほし」と蓮位が言うように、「釈親鸞」の署名入りで、僧侶の弟子に『教行信証』などの漢文聖教や名号本尊を下付されています。大乗菩薩道の師匠としての行動です。

第四項　聖人自身の寿像を下付

聖人は寿像（安城御影など）を下付しています。生存中の姿を描いた寿像は『教行信証』後序記述の法然からの『選択集』相伝のように、師匠の門弟に対する面授口訣の正意継承の認可で、法名・本尊・聖教下付と一体です。しかも、寿像は弟子達の前で一定時間端座する必要があります。

第五項　親鸞聖人は門弟に法名授与

聖人は『御伝鈔』にあるように、山伏弁円に「明法坊」と法名を授与しています。又、『口伝鈔』第六条に他派の師匠が「つくるところの坊号をとりかへし、信心をとりかへす」とあり、師が弟子の坊号や法名を授けることが一般的であり、それは親鸞聖人も同様であったと思われます。

第六項　親鸞聖人に師弟関係存在の記録

聖人の師匠の立場、門弟の存在を記述する文章は『口伝鈔』第三条に「本願寺の上人　親鸞　あるとき門弟に示して」、第六条に「御弟子蓮位房申されていはく」、第一六条に高田の覚信房を「聖人親鸞の弟子」、『改邪鈔』第七条に「祖師　親鸞　聖人御在世のむかし、ある御直弟」など多くあります。

第七項　親鸞聖人に門弟名簿が存在

親鸞聖人に『門侶交名帖』つまり、門弟名簿が存在します。そこに、多国より来たった直弟四四名の名前があり、ご消息などを合わせると八〇名以上の存在が確認されます。こうした広範囲に及ぶ門弟名簿は親鸞聖人と門弟の共同作業で製作されたと思われます。しかも、その中心僧侶は漢文聖教が読める藤原摂関家に関係する人物群です。

以上、親鸞聖人の師匠の立場堅持がはっきりと分かります。

第三節　聖人の「師の立場堅持」が僧侶の師資相承成立の基本条件

国家公認の歴史ある聖道門は唐より将来した鑑真和上による正式な授戒による師資相承の形式や、教団の形体も施設も修行過程も決まった伝統があります。

対するに、授戒のない浄土門は国家による教団や寺院形態、僧籍の認定が不確定でしょう。本願寺宗主でさえ第一〇代まで、僧侶は出家であり子供がいない建前なので、本願寺宗主の子供は一度日野関係の有力者の猶子となって、そこから青蓮院で出家得度して僧籍の国家承認を得ているほどです。

聖人が「僧の師の立場」を堅持し、正意を伝授し認可しないと浄土門の僧の弟子は誕生できず、僧侶集団は成立しないでしょう。聖人の師の立場堅持は不可欠でしょう。よく注目される聖人の「非僧非俗」の立場は流罪の間のみではないでしょうか。蓮位が言うように赦免後の本典や聖教の授与は「釈親鸞」の法名でされています。当時の浄土門における僧侶の立場がどのようなものなのか、検証が必要でしょう。

第四節　第六条は僧侶の師弟間の対話

『口伝鈔』から分かった第六条関係者の親鸞や信楽房や蓮位は法名です。当時、『改邪鈔』第一〇条に

「優婆塞・優婆夷の形体たりながら出家のごとく、しいて法名をもちいる、いはれなき事」（優婆塞・優婆夷とは在俗の仏教信者）

とあるように、一般在俗の念仏者に法名はありません。師の認可を受けた伝道を使命とする僧侶（比丘・比丘尼）に付くものです。しかも、これは法然、親鸞聖人以来の伝統と記されています。すると、『歎異抄』第六条は法名ある僧侶間の対話です。

そして、第六条の言葉は多くの弟子の面前で信楽坊が離脱し、聖教の取り返しを蓮位が進言したのを受けてのもので、聖人が師匠の立場を降りる必要が全くありません。聖人は師の立場を堅持しているのです。

第五節　唯円の目的から分かる第六条の意図は「念仏教団の形成論拠」

上記のように、第六条「親鸞は弟子一人ももたず」は、聖人が大乗菩薩道の師の立場を堅持しつつ、弟子を「わたくしに自専すべからず」（『口伝鈔』第六条）と、「師匠の自戒」を表明したものです。そして、末尾の「師の恩をもしるべき」が弟子の自覚喚起なので、聖道門のような授戒形式でなく、本願の自然によって両者の自覚が一対となって、正意の僧侶の師資相承により念仏教団が形成され継承、拡大することを、親鸞聖人みづからが述べられた条文と分かります。つまり、第六条は聖人が示された**「僧侶の師資相承を骨格とする正意の念仏教団の形成論拠」**であり、**「教団形成の縦糸用の条文」**で、唯円の目的に沿うものです。

そして、弟子の僧侶は横糸を通すがごとく、四弘誓願や回向句の思いによって周囲の衆生へ阿弥陀仏の大悲を布教し、布である念仏教団を形成するのです。

第六節　第六条は覚如に宗主依頼の必要条文

その上、『歎異抄』原本は、唯円から義理の甥覚如へ正意の教団興隆委託という明確な目的と意志を持っています。覚如は浄土門の教団そのものが不確定、僧籍の認可も不確実で、将来の教団形成に当然不安をもちます。それに対して、唯円が宗主就任を要請するにはこの「本願の自然による念仏教団形成論拠」が必要不可欠だったのです。そして、同時に、宗主になっても「愚禿」に生きよという宗主の人間性陶冶を教示したのです。

唯円が義理の甥覚如に

「浄土より来生し大乗菩薩道の師匠として立った親鸞聖人が、僧侶の弟子を自専しないよう自戒しつつ本願念仏の正意を伝えるのが師匠の役目であり、仏恩を知るように師の恩を知った弟子が師匠に随順していく。そこに、本願の自然によって正意の大乗仏教の念仏教団の僧侶の師資相承の骨格が形成されていく、と言われている。あなたに宗主になって頂きたいが、聖人同様に愚禿の立場を守りつつ正意の念仏教団を再興して貰いたい。」

と正意の教団興隆を依頼した条文と言えるでしょう。

第七節　第六条は大学院師弟の対話

この第六条を喩えれば、大学教員養成の大学院で、教授が大学教員志望の院生に、

「先生は、先生の元を去って他の先生に付いた弟子の単位を剥奪する気はない。先生は弟子争いをすべきでないと思っている。先生は君たちを先生の私有物のような弟子とは思っていない。共に、教育の道を歩む友と思っている。私も良き師に出会い随順してここまで来ることが出来た。勿論、君たちが他の先生に習っても一向にかまわない。同じ教育者の道を情熱を持って歩もう」

と述べたようなものでしょうか。大学教員志望の院生の受けとめと、保育園児が「先生がみな一緒の友達だ、と言った。先生は友達だ。遊ぼう。」という受けとめ方とは次元が違うのです。そして更に小学生・中学生・高校生・大学生の各段階で、この言葉の受けとめ方は相当違ってくるでしょう。

この言葉を弟子争奪の言い争いの師を誡めるものと捉えるのは『改邪鈔』第四条に相応しい解釈でしょう。又、聖人が師匠の立場を辞退して上下関係を否定する教団形成を願った条文という解釈は『歎異抄』原本の目的から見直すべきでしょう。

ですが、多くの『歎異抄』解説書は『口伝鈔』を引用せず、僧侶間の対話を宗主後継者覚如に使用したという『歎異抄』第六条の詳しい背景を紹介せずに、その言葉のみを説明していることが多く、一般読者が保育園児のような誤解をするのも無理からぬと感じます。解説の問題が大きいようです。

僧侶方が個人であれ、グループであれ、『歎異抄』第六条を解釈される時、必ず『口伝鈔』第六条を参照して下さればと存じます。すると、念仏者を御同朋と優しく接する聖人像から、弟子へ大乗仏教を伝授する師としての聖人表現に重点が移っていきます。そして、『歎異抄』観、親鸞聖人観が全く違ってきます。よくよく確かめて、その後にご門徒との『歎異抄』輪読会をなされますことをお勧めします。ご法話も全く論調が変化してきます。

以上、「親鸞は弟子一人ももたず」は大乗仏教である浄土真宗の念仏教団の縦糸用の形成論拠の一部で、親鸞聖人の「師匠の弟子自専を自戒」する言葉と分かりました。

第二部　『歎異抄』原本の継承と聖教化と解放

第九章　『歎異抄』原本（「法文」）受託の覚如上人の行動

第一節　覚如の『歎異抄』原本受託

『歎異抄』とは何か、何の目的で書かれたのか、それは、蓮如上人の御指南と『慕帰絵詞』から分かりました。つまり、『歎異抄』原本は善鸞「符術」教団に対抗し、唯円が義理の甥覚如へ正意の教団興隆を要請委託した私信だったのです。今まで、こういう視点での『歎異抄』解説書は、管見ながら見たことがありません。

このような『歎異抄』原本を「法文」として受け取り、唯円の依頼を受託したのが覚如上人です。その行動を追ってみましょう。するとそのことで『歎異抄』原本の目的が一層判然と見えてくるでしょう。

私は一九才で唯円大徳の直接依頼を受け前年入手した『歎異抄』原本（「法文」）を再熟読し親鸞聖人の悲願である正意の大乗仏教教団確立に生涯を費やした。
長く辛い人生であったが、六三才で教団の拠点を確立し、良き後継者を得ることも出来た。
浄土より来生した親鸞聖人の大乗仏教の教えを受け取れるように著述も書いた。
知己を後世に待つ心境だよ。

第二節　『歎異抄』原本受託後の覚如の行動

第一項　浄土真宗の宗主就任

唯円は、親鸞聖人が説く「大乗仏教」は聖人の近親者（中核は血縁者）が念仏者になることで実証されること、聖人血縁者が僧侶になり僧侶の縦軸の中心になることが念仏の正意を護る絶対に必要不可欠なことだと見抜きました。それ故、唯円は覚如へ聖人血縁者の責任と重要性を教示しつつ、宗主就任を要請し、「大乗仏教」正意記述の『歎異抄』原本を伝授します。そして、血縁者覚如を邪魔しないよう近親者の自身の名を伏せたのです。

その唯円の要請を受けて、覚如は大変な覚悟と責任感で聖人の大谷廟堂の留守職に、更に、そこへ本願寺を創設し、浄土真宗教団の宗主に就任します。聖道門期待の星であった覚如が、それを投げうってまで念仏門に入ったのは唯円と『歎異抄』の影響が絶大であったことの現われです。又、このことは、親鸞聖人の血縁者が聖人創唱の「大乗仏教」たる浄土真宗を実証する象徴的立場を受けて立つことを意味します。第四章に述べた通りです。

第二項 覚如、「三代伝持の血脈」で強固な「宗主の根拠」確立

そして、覚如は「法然—親鸞聖人—聖人血縁者如信」の「法縁と血縁」一致と、それを聖人血縁者覚如が継承するという「三代伝持の血脈」を主張します。覚如が第二代に如信を挿入したのは、先ず、純粋に教学的に、如信が覚如に、聖道門と全く異なる「大乗仏教」である浄土真宗への驚天動地の衝撃的な目覚めをもたらしたことにあります。それまでの覚如は聖道門を学び、その諸師が覚如の天賦の才に驚くほど聖道門の期待の星であり、覚如本人も自負していたのです。

その上に、その聖人血縁者如信の重要性を気付かせたのは唯円です。唯円が如信に『歎異抄』原本の仲介を依頼したこと、覚如に親鸞聖人血縁者の責任を教えつつ宗主就任を依頼したこと、聖人近親者の唯円自身の「三代伝持の血脈」を示したこと、『歎異抄』原本に唯円の著者名を入れず善鸞問題解決後にその公開を依頼したことなど、

血縁者如信の重要性を気づかせる唯円の深謀遠慮を感じます。

兎に角、覚如は聖人血縁者の如信を第二代相承者に選ぶことによって、聖人血縁者が連続する万全な本願寺・浄土真宗教団の宗主の立場を確立したのです。

唯円の「法縁と有縁」による念仏相伝、覚如の「法縁と血縁」による念仏相伝、いずれにしても両者の論理は本願寺のみならず、一般末寺やご門徒の家庭でも念仏の正意と喜びが何世代にも伝わる大乗仏教教団の念仏継承の大切な論拠です。近親者唯円なればこそ、その重要性を見い出しえて、覚如に伝え得たのです。

第三項　善鸞・如信教団の吸収

唯円は善鸞を否定でなく、その「ずれ」を「歎異」しました。善鸞の翻意を切望したのです。もし、善鸞が正意に戻れば西の覚如と共に全国に正意の念仏が広がります。その「歎異」を受け、覚如上人は善鸞を一度は「歎異」し、次いで再評価し、結局はその教線を本願寺教団に吸収したのです。これは、唯円が願った、聖人の近親者・血縁者全体で聖人の「大乗仏教」を実証し継続させる責任を果たしたと言えます。

第四項　大乗菩薩道師匠の宗祖像を確立

浄土真宗の正意と念仏教団形成論拠と「浄土より来生の親鸞聖人」像と「歎異」とが記された唯円の『歎異抄』原本の教示を受けとった覚如上人は、自身で実際に関東遺跡を訪ね聖人直弟や善鸞に会ったり、日記や記録や資料を収集します。

そして、日野家の日本に於ける「記」「紀」以来の宗教的な祭祀を行ってきた特別な立場等を背景に、親鸞聖人の御出家が「興法の因うちにきざし　利生の縁ほかにもよほし」た強烈な自発的動機であったことを『御伝鈔』上巻第一段に明らかにし、浄土より来生した大乗菩薩道の師匠としての超勝性を明確にしました。これは、文献中心の歴史学者が逃避的出家だったとする見方とは全く違います。

第五項　「浄土より来生」「浄土へ往生」混然一体の親鸞聖人像の確立

覚如上人は聖人の関東事跡を二一才から三年歩き、歴史的な「浄土往生の聖人像」を書き留めました。同時に『歎異抄』原本から継承した浄土より来生した法然同格の聖人像、又、観音菩薩の化身の聖人像が記された曾祖母の『恵信尼消息』を相伝した祖母覚信尼の薫陶（上人実母は三才時に逝去）、更に、聖人常随の弟子蓮位や定禅法橋の記録、これらを総合的にまとめて、慎重に「浄土より来生」の宗教的真実の聖人像と、「浄土往生」の歴史的事実の聖人像を『御伝鈔』に混然一体化し、あたかもプラス・マイナスの交流電気で蛍光灯が光るように、仏徳と人徳とが融合したひかり輝く親鸞聖人像を確立し、流布させたのです。第七章に述べた通りです。

だが、この聖人讃仰を日野家中心の本願寺教団樹立の野望で創唱したと、『歎異抄』第六条から非難する向きがあります。上人が歴史的聖人像確立の努力の上に、『歎異抄』の真意を継承発展させた叡智が分からず、第六条を誤解した上の論難です。

それよりも、この覚如上人確立の聖人像あればこそ、時代によって国家や左右の思想に利用されゆがめられた聖人像を、末法の流転輪廻の私どもを救うために浄土より来生された大乗菩薩道の師匠の聖人として、その仏徳を回復することができるのです。

第六項　浄土真宗の教義確立

覚如上人は聖人像の確立と同時に、唯円の『歎異抄』原本の「当流の気味を添え」るほどの教導と、自身の関東巡錫にもよって『口伝鈔』『改邪鈔』などを著述し、聖道門や浄土門異流、真宗諸派に対する浄土真宗の教義を確立させせました。

誰もが親しんできた出家の聖道門とは全く論理の違う、世俗の一般社会の中で「弥陀弘誓の船」によって生き抜く「大乗仏教」の論理はすぐ理解できるものではありません。その「信心正因　称名報恩」の教義を構築し提示したことは覚如上人なればこその偉大な功績です。

第七項　大谷廟堂を浄土真宗教団の聖地・本願寺として創立

唯円は覚如に親鸞聖人の墓地・廟堂を聖地として教団の根拠地にすることを勧め、そのために天皇家との関係改善を『歎異抄』原本で示唆しました。前述のとおりです。そして、覚如上人は還暦後の六三才!、親鸞聖人大谷廟堂に天皇の勅願で「本願寺」寺号を獲得しました。大変な忍耐です。後発の浄土門の拠点に公的な寺号を勅願で獲得することは聖道門に対抗する不可欠で重要な布石です。

宗派名や寺号がある現在からは想像できませんが、「真宗」という宗派名でさえ天皇の配慮で明治五（一八七二）年三月一二日の太政官布告ではじめて公的に認可を受けたほどです。又、受戒をしない本願寺宗主の公的な僧籍も、皇子が門跡門主の聖道門の青蓮院での受戒で認められる伝統でした。若い第一〇代証如の病没直前、急遽、第一一代顕如の本願寺内での得度がはじめて特別許可されたほどです。

あまりに大きな問題で恐縮ですが、天皇家は大化の改新で宗教者日野家先祖の藤原（中臣）氏に支えられ、日野家・本願寺は天皇家・青蓮院に支えられてきたと感じるのです。「日野」の由来も天皇家を支えるが故に付いたという伝承があります。

しかも、寺号を勅願で獲得したればこそ、蓮如上人の過激な布教に怒った比叡山の圧迫に対する青蓮院の庇護があり、明治以降の厳しい軍国主義の時代でも大師号を授与されることによって寺号剥奪や直接の弾圧をやわらげることが出来たと思われ、勅願による浄土門の寺号公認獲得は覚如上人の本当に偉大な社会的な功績です。それを勧めた唯円の先見の明のお陰です。

第八項　本願寺を浄土真宗の絶対的伝道の拠点に

唯円は、聖道門や関東善鸞や高弟の各拠点に対抗し、大谷廟堂の絶対的聖地なることを覚如に教示します。命懸けで教えを開いた方の教えと悲願とを、その人生と生命を実感できる墓所で命懸けで学び伝えよと教えたのです。それを受け覚如は廟堂を本願寺とし、浄土真宗を伝授しました。後世、その本願寺（廟所）中に学寮（現・龍谷大学）が創建されたことは意味のあることで、筆者は龍谷大学入学時、全員で御影堂の聖人ご真影に参ったはずなのに、もっと意義に気付くべきだったと後悔しています。遺骨と墓所が教えを広げる基点になる四つの話題を確認しましょう。

①ミリンダ王は、釈尊お骨供養の矛盾、釈尊が完全な入涅槃なら供養を受け取られず無駄であり、受け取られるなら完全な寂滅でないと、供養の意義を問いました。長老ナーガセーナは答えます。

「釈尊は完全な涅槃に入られて供養を受け取られない。だが、大いなる炎が消えても、火を必要とする者は火をおこし火を利用することが出来るように、人々は釈尊を供養することによって釈尊の教えを学び、実践のあとをしたい、涅槃への道を歩むことができる。供養は無駄でなく、大きな働きがある。」

と答えています。中村元、早島鏡正共著『ミリンダ王の問い』(平凡社)から引用した増谷文雄『仏教百話』に記されています。釈尊のお骨を縁に世界に仏教が広まっています。仏教の伝統です。

②舎利弗尊者の故郷にある尊者の墓所にナーランダ大学が開かれ、尊者の命と心を

受けて学んだ者の命懸けの行動で仏法が世界へ伝播しました。中国の玄奘三蔵もここで学び、命がけで中国に仏教を伝えました。私どもの住職・坊守の引退記念の仏跡参拝旅行で、情熱あふれるガイドの説明に教えてもらいました。

③一般家庭で、先祖が阿弥陀さまに救われたと仏壇仏光中に、念仏を喜んだ先祖法名と往生浄土した年月日や年令を記した過去帳を安置し、墓石の正面に法名を刻むことは、「道」と「得者」を信じることに通じ、念仏継承には大変重要です。

④親鸞聖人自身が浄土真宗は阿弥陀仏の回向による往相・還相の教えと示されました。廟所に建立された本願寺は、浄土より還来穢国される親鸞聖人の導きに出会える場であり、お姿とお骨が一体となったご真影がその象徴です。

第九項　僧侶集団の育成

唯円は単独でした。その限界を知るが故に、唯円は『歎異抄』原本第六条で聖人の言葉を引用して、念仏教団は「正意の僧侶の師資相承を骨格」とせよと覚如に伝えました。それを受けて、上人は存覚、従覚の聖人血縁者や、法縁あった乗専などの弟子を育て、正意継承の歴史を貫く縦軸の骨格である僧侶集団を構築しました。

第一〇項　正意顕彰に聖教を著述。特に「親鸞は弟子一人ももたず」を紹介

面授口訣は素晴らしい感動を生みます。ですが、個別的で、教えが面として広がりにくい。唯円の『歎異抄』原本伝授も「当流の気味を添え」ても、私信なので、覚如一人へのものでした。覚如上人は『歎異抄』原本等の内容を紹介した『御伝鈔』『口伝鈔』『改邪鈔』などの聖教で教えを伝授し、多くの弟子を導いたのです。

その中で、禁書説の関係で言えば、第六条の「親鸞は弟子一人ももたず」を『口伝鈔』第六条、『改邪鈔』第四条に紹介していることは留意すべきです。

ただ、『歎異抄』原本は著者名も聖教名もないので、覚如上人は「法文」と呼び、内容のみの紹介をし、経緯は口頭で説明したのです。その詳細が『慕帰絵詞』に記されたのです。

第一一項 「唯円大徳」と『歎異抄』原本を激賞

覚如上人は晩年、『歎異抄』原本の内容を十二分に著述で紹介し、同時に六〇年以上前に実感した「唯円大徳」とその著述の素晴らしさを激賞します。それを、弟子達は覚如示寂直後の伝記『慕帰絵詞』『最須敬重絵詞』に記述したのです。上人は唯円や『歎異抄』を無視も忌避もしてないのです。

ですが「法文」は聖教目録には記載されません。それは、『口伝鈔』第一二条で紹介の、大正一〇年再発見の『恵信の御坊の御文』と同じく、私信ゆえに宗主の一子相伝であり、日野家に私蔵されたのです。

以上、覚如上人の行動が『歎異抄』原本（「法文」）とは何かを教えてくれます。そうです、覚如上人が『歎異抄』原本の受託者です。そして、上人はその内包する重要問題を身命を掛けて解決されたのです。

第一〇章　蓮如上人の覚如路線の継承

第一節　蓮如上人、覚如路線を遵守し更に超克

蓮如上人は、覚如上人を継承し、戦乱の中で多くの圧迫を受けながらも、他宗や異義の横行を超える正意の教団形成へ邁進します。それは大谷本願寺打ち壊しを惹起するほどで、ある面、『歎異抄』を超克する行動でした。以下、筆者なりに気づいた上人の徳行を順不同で上げておきましょう。

第一項　人々と共に歩かれたお徳

一　弱者の生母の思いと遺言を受け猛烈な修学をし、文字通り人々にお慈悲の喜びを伝えることに全精力を傾けられた。

二　時代に翻弄される民衆の中に生母を見、女性などの社会的弱者に、聖人の「悪人正機」を「弱者正機」「苦悩者正機」「女人正機」と拡充し、生母の照覧・導きの

下に、一人一人の人生を大切に温かく見、阿弥陀仏のお慈悲を伝えられた。

三 上人の行動の基本に、弱者の気持ちが分かる人間性、相手の幸せを願う暖かさがあり、本気で人生全体を懸けて「真宗興行のこころざし」を裏表無く、損得を超えて一生ぶれなく実践された。

四 上人自身が文字通り、寝ても覚めても命のあらん限り、如来わが往生をさだめたまひし御恩報尽の称名念仏を実践された。「信心正因 称名報恩」は浄土真宗の生命線ですが、単なる論理でおわらせず、生活の中で、人々に大乗仏教たる浄土真宗の教えを具体的に教示された。それで、念仏が人々の生きる力となり生活に浸透していった。

（筆者自身、住職生活を振り返り、如何に口先だけの自信教人信かと恐縮するばかりです。「寝ても覚めても命のあらんかぎり」「如来わが往生をさだめたまひし御恩報尽」の念仏・・・僧侶の皆さん、実践如何でしょうか。）

五 聖人の御同朋御同行を大切にされた「親鸞は弟子一人ももたず」を規範に行動さ

れた。

六　子供たちさえ落涙するほどの、知情意円満の説法に情熱を込められた。

七　人々に、地位、財力、武力、法律などのこの世の価値観を超える念仏の教えを伝え、人間の尊厳と生き方を教えられた。

八　「報恩講」「講寄り」「本山参り」など、教えを中核に人々が、国・郡・村の治政の枠を超えて集まり語ることのできる社会的行事を定着させられた。

九　日や方角や字画、卜占祭祀の宗教に惑わされ苦しむ人々に科学や合理性での打破でなく、阿弥陀仏の摂取不捨や諸仏護念の称名念仏で恐れを超える生活文化を教示し定着させられた。

一〇　字の読めない人も憶えうる範囲に教えを簡略にまとめ、それを読み上げ口移しで伝える、民衆への伝道方法を考案し、実践された。

一一　大寺院の奥に鎮座せず、相手の懐に飛び込む往診医のごとく、悩みに応じつつ的確な教化をされた。

一二　無常と苦悩を超える念仏の喜びの広範な社会的浸透に尽力された。その結果が当時の政治権力に対抗できるほどになった。この逆ではありません。

一三　修行の場でない、誰もが自由に聴聞できる画期的な本堂外陣を充実された。

一四　僧俗共に教えを日常で味読でき、僧俗が共に救われることを実感できる『正信偈・三帖和讃』を開版された。その勤行を統一された。

一五　『正信偈・和讃』の開版や御文章発布で、民衆に字を教え、人間的目覚めをもたらされた。今も御門徒宅にたどたどしい筆写の御文章が残っている。

一六　御文章・書簡による僧にも俗にも分かる、簡潔な浄土真宗正意の直接伝授や、他宗、他派に対する教義的対応や社会的対応を教示された。

一七　三百通前後の御文章発布は相手に応じた対機説法であり、念仏の教えを伝えるのみならず、人々の悩みに対応する情ある応病与薬の教化をされた。

一八　本堂内陣に巨大な光り輝く十字名号を懸架し、今まで光があたらなかった人々に、阿弥陀仏の光りの中に包まれる喜びを実感できるようにされた。

一九　「御亭」を御法義を語らう上下のない平座にされた。

二〇　能を見せ、楽しみの少ない人々に楽しみを与え、ご法義に誘引された。

第二項　浄土真宗の確立を中心とするお徳

一　蓮如上人は親鸞聖人血縁者の強烈な自覚で、大乗仏教の浄土真宗証明の責任を果たされた。

二　蓮如上人は、覚如上人の「浄土から来生」「浄土へ往生」混然一体の親鸞聖人像を受け、明確に「如来聖人」（『御文章』第一帖第一通、第一五通）と顕彰された。更に、「開山」「開山聖人」（『一代記聞き書き』本第一三条、『御文章』第二帖第二通）と、浄土真宗と本願寺と教団とを開かれた大乗菩薩道の師匠としての聖人像を流布、定着させられた。

三　覚如上人が寺号獲得した浄土真宗教団の拠点・大谷本願寺を死守。破却されても、山科に本願寺を再興された。

四　大谷本願寺破却の時、如来聖人の親鸞聖人のお骨と一体のご真影を死守された。

五　勅願寺としての本願寺や、天皇家との長い交流の日野家の立場を背景に、大きな政治的潮流を乗り越える知恵を働かせられた。

六　他宗教や他派、政治権力との無要な衝突を避け、浄土真宗流布に集中された。

七　多くの異義で混沌とする中に、浄土真宗の正意と教団を確保した覚如上人の破邪顕正の路線を継承し、現実社会の中で大乗仏教教団を拡大充実された。

八　唯円と『歎異抄』原本と経緯について記述された『慕帰絵詞』、内容記述の覚如上人『口伝鈔』『改邪鈔』を伝授された。

九　唯円が、聖人嫡男善鸞の「ずれ」を歎異し正意を打ち立てた路線を継承し、自身も親族のずれを歎異しつつ、是正された。

一〇　名号本尊を伝授し、善知識と一体的な光明本尊から離脱された。つまり、阿弥陀仏一仏が、万人の帰依所なることを視覚化、周知された。その寺院への伝授は教団の骨格の整備に資し、個人への大量伝授は各家庭に永遠との交流可能な帰依所の確保に資し、日本家屋の原形を創造された。
一一　浄土真宗の正意を伝道するための「真宗興行」の最重要な行動、厳選した正意の聖教を書写し、僧侶群への伝授に精魂を傾けられた。
一二　日野家親族間の私信「法文」を『歎異抄』へと聖教化して、一子相伝から教団中枢僧侶に解き放たれた。（後述）
一三　人脈と法脈の総合的な教団の骨格や秩序を、本尊や、親鸞聖人・蓮如上人御絵像や七高僧の掛け軸の伝授で構築された。
一四　浄土真宗の正意の伝道を担える広範な僧侶集団を育成された
一五　金森の道西　慶聞坊など、出自や地位を超えた人材の育成と登用をされた。
一六　子の蕪縁に「木の衣を着ても、お慈悲を喜び生き抜け」の本音を伝えられた。その態度に、上人の子供達が本気で浄土真宗を学び、教えを命懸けで伝道。強固な教団の骨格を形成された。
一七　地位に関係なく、直接、宗主や聖教に出会える直参制を導入された。

一八 政治的に中立が保てる水陸交通の要地（境界や中州）に拠点を構築し、封建社会の中で治外法権が維持できる空間・寺内町を形成し、浄土の徳を現実化された。

などなど。

尚、これらは蓮如上人の上に輝く多くのお徳の筆者なりの受け取りです。把握し切れていないことを恐れています。

第一一章　蓮如上人の『歎異抄』原本確保と聖教化と解放

蓮如上人の宗主としての活動概略でしたが、一つ一つが大変な辛苦と命懸けの実行です。時に評論的批判がありますが、畳の上の水練者が、荒海を泳ぎ切った人の泳法を批判するように感じます。以下、特に『歎異抄』の継承と解放について言及しましょう。

第一節　『歎異抄』原本（「法文」）を発見書写し確保

上人は長禄元年（一四五七）四三才の第八代宗主就任と寛正二年（一四六一）四七才時の親鸞聖人二百回大遠忌に関連し、本願寺内で私信の『歎異抄』原本を発見し、本文を書写し、蓮如本を座右に置かれました。その原本は一旦戦乱を避け、現在は本願寺内で、文箱に収めてあるでしょう。

書写した蓮如本の本文は若年の筆跡と言われています。伝承や『慕帰絵詞』から、「法文」（『歎異抄』原本）の存在を念頭に探され書写されたのでしょう。これによって、散逸当然の、題名も著者名もない数分割の『歎異抄』が戦国時代を超えて現在まで継承されたのです。蓮如上人の最大の功績です。

第二節　蓮如上人は覚如上人の唯円への対応を遵守

第一項　『歎異抄』原本の内容紹介

蓮如上人は、覚如上人の『口伝鈔』『改邪鈔』等に「親鸞は弟子一人ももたず」はじめ『歎異抄』原本の内容が記載され、相伝の経緯も『慕帰絵詞』で確認できるので、覚如上人関係の聖教の書写・伝授で充分と思い、覚如路線を遵守されます。

それ故に、『歎異抄』原本は私信の「法文」なので、蓮如上人の著述や言葉に『歎異抄』名が聖教化し伝授するまで一切出てこないのです。

第二項　『歎異抄』原本（「法文」）の内容に驚嘆。最大限の評価。

ですが、蓮如上人は『歎異抄』原本の素晴らしさに驚嘆します。これが、後の『歎異抄』の「当流大事の聖教」指定に連続します。覚如上人同様激賞されたのです。又、それが、「たのむ」の重視に繋がります。

第三節　蓮如上人、「親鸞は弟子一人ももたず」を紹介

第一項　「親鸞は弟子一人ももたず」を文明三年七月の書簡で紹介

蓮如上人は第六条の「親鸞は弟子一人ももたず」を、文明三年七月一五日の書簡で紹介されます。これは、比叡山僧徒による東山大谷本願寺破却や、避難した堅田本福寺も襲撃を受け堅田炎上の後、越前細呂木吉崎に新拠点を求め、七月二七日の坊舎完成直前の書簡です。再婚した奥様や子供の相次ぐ逝去直後の、更に教団存亡の危機の中での紹介です。上人は「かたのごとく耳にとどめおき候ふ分、申しのぶべし」と、覚如上人路線継承を前提に紹介されたのです。全文を紹介しましょう。

「或人いはく、当流のこころは、門徒をばかならずわが弟子とこころえおくべく候ふやらん、如来・聖人の御弟子と申すべく候ふやらん、その分別を存知せず候ふ。また在々所々に小門徒をもちて候ふをも、このあひだは手次の坊主にはあひかくしおき候ふやうに心中をもちて候ふ。これもしかるべくもなきよし、人の申され候ふあひだ、おなじくこれも不審千万に候ふ。御ねんごろに承りたく候ふ。

答へていはく、この不審もつとも肝要とこそ存じ候へ。かたのごとく耳にとどめおき候ふ分、申しのぶべし。きこしめされ候へ。

故聖人の仰せには、「親鸞は弟子一人ももたず」とこそ仰せられ候ひつれ。「そのゆゑは、如来の教法を十方衆生に説ききかしむるときは、ただ如来の御代官を申しつるばかりなり。さらに親鸞めづらしき法をもひろめず、如来の教法をわれも信じ、ひとにもをしへきかしむるばかりなり。そのほかは、なにをしへて弟子といはんぞ」と仰せられつるなり。さればとも同行なるべきものなり。これによりて、聖人は「御同朋・御同行」とこそ、かしづきて仰せられけり。さればちかごろは大坊主分の人も、われは一流の安心の次第をもしらず、たまたま弟子のなかに信心の沙汰する在所へゆきて聴聞し候ふ人をば、ことのほか切諌をくはへ候ひて、あるいはなかをたがひなんどせられ候ふあひだ、坊主もしかしかと信心の一理をも聴聞せず、また弟子をばかやうにあひささへ候ふあひだ、われも信心決定せず、弟子も信心決定せずして、一生はむなしくすぎゆくやうに候ふこと、まことに自損損他のとが、のがれがたく候ふ。あさまし、あさまし。

古歌にいはく、

「うれしさをむかしはそでにつつみけり　こよひは身にもあまりぬるかな」

「うれしさをむかしはそでにつつむ」といへるこころは、むかしは雑行・正行の分別もなく、念仏だにも申せば、往生するとばかりおもひつるこころなり。「こよひは身にもあまる」といへるは、正雑の分別をききわけ、一向一心になりて、信心決定のうへに仏恩報尽のために念仏申すこころは、おほきに各別なり。かるがゆゑに身のおきどころもなく、をどりあがるほどにおもふあひだ、よろこびは身にもうれしさがあまりぬるといへるこころなり。あなかしこ、あなかしこ。

文明三年七月十五日」

ここに、「親鸞は弟子一人ももたず」を明記され、しかも、この御文章は後世、全国の寺院やご門徒宅に納められた第一帖目第一通に位置付けられています。ですが、禁書説はこれに気付かなかったのか、誤解したのか、第六条が邪魔だから『歎異抄』を禁書にしたと全く理解しにくい論理を展開しています。

尚、「親鸞は弟子一人ももたず」は、『歎異抄』では「師の弟子自専の自戒」を示し、『御文章』『口伝鈔』では「師の高み」を降りて念仏者の側にいて下さる暖かさを示し、引用意図が違うので注意が必要です。

第四節 『歎異抄』の精神を継承

第一項 「親鸞は弟子一人ももたず」を日常に口ずさみ、行動の指針に

蓮如上人は日常でも「親鸞は弟子一人ももたず」を口にされていました。

「仰に、おれは門徒にもたれたと、ひとへに門徒にやしなわるるなり。聖人の仰には、弟子一人ももたずと、ただとも同行なり、と仰候きとなり。」

と、『空善記』第九四条にある通りです。親鸞聖人の師匠の高みから降りて念仏者を御同朋御同行と大切にされる姿勢に敬意を感じ、行動の指針にされたのです。

第二項 「法文」（『歎異抄』原本）の「たのむ」重視を継承

更に、蓮如上人は『歎異抄』原本重視の「たのむ」を活用されました。神子上恵龍『歎異抄講義』によると、親鸞聖人は「たのむ」の使用は六字釈左訓に「ヨリタノム」、和語聖教に二・三箇所程度の言及です。それに比して、『歎異抄』は「たのむ」を一二・三箇所と多用しています。それを継承し、蓮如上人は五帖八〇通の御文章中だけでも

一〇〇数力所も使用され、しかも、「たのむ」信心の内容を詳説されました。

「聖人の御流はたのむ一念の所肝要なり。故にたのむということをば代々あそばしをかれ候へども、委く何とたのめということをしらざりき。然ば前々住上人の御世に、御文を御作り候て、雑行をすてて後生たすけたまへと一心に弥陀をたのめとあきらかにしらされ候。然ば御再興の上人にてましますものなり。」

と、『蓮如上人御一代記聞き書き』第一八八条に記す通りです。人々に阿弥陀仏のお慈悲を具体的に受け取る道を教示したことが、蓮如上人を御再興の上人たらしめたのです。

第三項　「真宗興行」の第一は正意の聖教の書写伝授と御文章発布

蓮如上人は「真宗興行の志」に教団規模の拡大でなく、『実悟旧記』五六条に「一宗の繁昌と申は、人の多く集まり威の大なることではなく候。一人なりとも人の信を取るが、一宗の繁昌に候。しかれば専修正行の繁昌は遺弟の念力より成す、とあそばしをかれ候」

と、「一人なりとも人の信をとる」ことと言われます。そのため浄土真宗の正意を告げる六〇数点の聖教を門弟に書写伝授されました。又、僧俗の一人一人に、更に集団に、書簡『御文章』を発布伝授されました。これこそが真宗興隆の実践の第一です。

第四項 「真宗興行」の行動は命懸け

更に、上人は門徒の家庭の浄土真宗の宗義に合わないご本尊や御聖教を

「前々住上人御時、あまた御流にそむき候本尊以下、御風呂のたびごとにやかせられ候」

と『実悟旧記』一五九条に記すように、風呂釜で焼かれるほどで、大谷本願寺の破却や命の危険を招きました。真宗の正意を伝えることに、『歎異抄』以上の徹底した行動をされています。又、その姿勢は門徒が念仏を選び、他宗他派の教えを捨て去る時の罰の恐怖を蓮如上人が荷負し、乗り越える支えになったことでしょう。

ですが、蓮如上人は『歎異抄』原本の素晴らしい内容を認めても、単独の授与はされていません。それは、宗主用の日野家相伝の私信「法文」であり、聖教となっていなかったからです。

第五節　『歎異抄』原本単独の授与は制限

蓮如上人は授与聖教の範囲を限定されています。蓮如上人の孫・円如が上人当時からの聖教の扱いを述べています。『栄玄記』二六条に

「聖教拝見申さば、聖人の御作並に覚如存覚の御作の聖教本に候。法然の御作には選択集本末よりほかは、依用申べきは有る間敷のよし。」

と、あります。上人は「聖教」の範囲を、宗祖、覚如、存覚の三師の著述と『選択集』本末の範囲に限定され、ここに『歎異抄』原本は含まれていないのです。

「法文」形式では、当時流行の念仏を重視する浄土異流の鎮西派や時宗などの他派聖教に対抗できず、教説の混同も防ぎきれないと思われたのでしょう。

上人は浄土異流の鎮西派と西山派（時宗）に対して、延徳二年、明応六年、文明五

年の御文章など、度々言及しています。

鎮西派は弁長の下、六派に分流し、清浄華院流は證賢（向阿）の『帰命本願鈔』『西要鈔』『父子相迎鈔』の三部仮名聖教で無常を強調し念死念仏を、白旗派は浄土宗中興の祖と言われる了誉（聖冏）の『教相十八通』で無常の化風で単信の大信を勧め、浄土教界の主流を占めていました。それらは、厭離穢土欣求浄土を総安心とし臨終正念西方往生を請求する自力的多念相続の念仏の広大な流れを形成していたのです。

又、證空に始まる西山派の中、一遍による時宗は遊行による踊念仏で圧制下の人々を勧進し、遁世の後に阿弥陀号を称して世俗の身分制度を脱する活躍者を多く輩出していました。蓮如上人は「在家・出家もきらわず」と述べて、時宗的即身成仏義を否定し現生正定聚を強調し、宗名問題でも本願寺教団は「浄土真宗」・「真宗」であり、時宗を「一向宗」だと度々相違に言及しています。

又、真宗内諸派、特に存覚の影響を受け名帳絵系図で隆盛を極めた仏光寺派や、関東教団の中心的位置を占め「唯授一人之口決」で親鸞位に登り法脈の優位・正統性を主張し発展した高田派の真慧の『顕正流義鈔』や、三門徒派や木部派等の聖教や教説との混乱を回避されたのでしょう。

上記は石田充之『蓮如上人時代の異義思想とその批判』(『蓮如上人研究』龍谷大学篇)を参照しましたが、蓮如上人は宗主時代、『歎異抄』原本が数分割の、題名も著者名もない宗主用の日野家私信なので、浄土異流・真宗諸派の和語聖教・教説との混同を防ぐため単独での伝授を保留され、覚如上人の対応を遵守されたと思われるのです。

第六節　『歎異抄』への編集と聖教化

ですが、蓮如上人は「法文」を編集、『歎異抄』への聖教化を実行されます。

第一項　聖教化への決意

『歎異抄』原本は宗主用私信「法文」の一子相伝で、長男順如に相伝させるつもりだったでしょう。ですが、上人六九才文明一五年五月二九日、山科本願寺の御影堂が完成

し阿弥陀堂の屋根瓦をする直前に嫡男順如が病没します。上人の愁嘆かぎりなく、

「成人の子に別たる程のかなしき事はなし、たよりなき物なり」

と『空善記』第一条、『一期記』第四八条にお言葉が伝えられていますが、困窮で多くの子供達を他寺に預けてでも手元に残した嫡男を失い、本当に痛恨の極みであったでしょう。私はこの時、宗主用の日野家私信の一子相伝の「法文」を編集聖教化し、教団の中枢僧侶へ広げようと決心されたと感じるのです。

第二項　『歎異抄』への編集と聖教化

この「法文」を編集して聖教化をしたことを示す現行『歎異抄』の表紙と序文「歎異抄」ですが、このことを述べる解説書を筆者が見つけ得ないことは既述の通りです。

第三項　「当流大事の聖教」へ

更に、蓮如上人は「聖教」へと編集した『歎異抄』を実如に委託するに当たり、単

なる聖教でなく、「当流大事の聖教」であると注意を喚起し、念を押します。

第四項　蓮如上人宗主交代時に、『歎異抄』の確実な公開を実如に教示し解き放つ

蓮如上人は本願寺第八代宗主を交代する時、この『歎異抄』原本の素晴らしさを熟知していたので、九代実如に必ず埋没させずに伝授公開するように教示します。

先ず、「当流大事の聖教と為し」てその重要性を留意させます。

次に「無宿善の機には左右無く之を許すべからず」と、宗主段階のもの故、善鸞問題や他宗他派、異義に対処できる教団中枢部の者へ伝授せよと奥書を書き、『歎異抄』解放を教示したのです。

蓮如上人は宗主譲り状を三回書いています。五二才時の文正元年（一四六六）大谷廟堂破却の寛正の法難の翌年、長男順如へ。次いで、五四才時応仁二年（一四六八）三月二八日山門の堅田大責めの直前に光養丸（実如）に。そして、三回目が守護富樫

政親を敗死させた加賀長享一機の翌年、上人七五才時延徳元年八月二八日に山科南殿に隠居し、七六才時の延徳二年（一四九〇）一〇月二八日に実如への譲り状を書いています。教団宗主としての社会的責任を取る「隠形（いんぎょう）」の作法であったと金龍静『蓮如上人の風景』（この外数カ所参照）に教示頂いたのですが、実質、七六才時の引退と言うことでしょう。この引退時が『歎異抄』解放指示の時です。『歎異抄』蓮如本の筆跡が本文と流罪記録が壮年時、奥書と署名花押は七五才頃という西本願寺『図録　蓮如上人余芳』の推定と合致します。

第七節　蓮如上人の『歎異抄』への編集

かくして、蓮如上人は「法文」に題名を付け編集し聖教化し、更に「当流大事の聖教」に為して実如に解放を指示しつつ、伝授します。その蓮如本の概略を尋ねましょう。

第一項 『歎異抄』蓮如本の構造

蓮如上人の眼前の「法文」(『歎異抄』原本)は、第一〇条から始まる私信本文『この書』と、別添の「第一条～第九条」の文章群、更に、如信の『この書』の由来と趣旨の添え書きの三分割している文章群でした。それらを上人が編集したのです。

その経緯は諸処に述べましたので、編集した蓮如本『歎異抄』全体の構造を図示しましょう。

「『歎異抄』蓮如本の構造」　「概略」

一　蓮如上人筆の表紙指南　(一通の日野家私信に題名を付けたという指南)

二　漢文序文冒頭に「歎異抄」(聖教の題号として蓮如上人付加)

三　如信添え書きの漢文「序文」(如信が唯円より聞き書きした『この書』の由来)

四　唯円筆の添付した「大切の証文ども」第一条〜第九条　（対善鸞異義篇）

五　唯円筆の第一〇条「無義」冒頭の書簡本体『この書』　（対関東異義篇）

六　如信添え書きの漢文「愚禿の勧め」　（『この書』の趣旨）

（流罪の記録は「愚禿」の経緯を、唯円より聞き書き）

七　蓮如上人筆の奥書　（聖教化解放の注意書きの指南）

八　宗主署名と花押　（書簡を聖教として実如に伝授という証明）

第二項　『歎異抄』を「当流大事の聖教」と破格の扱いを示す「奥書前半」

私信を「聖教」の枠に入れるのは相当な扱いです。だが、上人は『歎異抄』を「右この聖教は当流大事の聖教と為す」という破格の特別扱いをされます。

著者唯円が覚如の義理の叔父という縁故、唯円が幼少より法然の教えを受け更に親鸞聖人の直弟子になり真宗の奥義を学んだ「三代伝持の血脈」の「唯円大徳」への信頼、唯円が日野家の覚如、覚恵、唯善の三人に浄土真宗を相伝していること、覚如上人が多くの著述に引用し「当流の気味を添える」と評価する正意顕彰の充実した内容、聖人嫡男善鸞のずれを歎異した論理展開の秀逸さ、格調の高さ、浄土より来生の聖人像の穏便な紹介、教団を思う熱い心、しかも、自分の名前を控える謙虚さ、覚如上人以来教団で重視され続けた伝統などを勘案されたのでしょう。

それにしても、近親者に聡明な唯円がいたからこその「当流大事の聖教」への展開です。唯円が関東一門弟では絶対にあり得ないことです。

第三項　『歎異抄』を解き放つ「奥書後半」

その『歎異抄』を、蓮如上人は自分の次に授与する立場になる第九代実如に託します。その注意書きが奥書「於無宿善機無有左右不可許之也」です。

ですから、この奥書は題名の無い私信の「法文」を聖教化し、「当流大事の聖教」とまで強調して、第九代実如に単独の公開を指示した言葉なのです。蓮如上人が『歎異抄』を解き放たれたのです。

第四項　書簡を聖教へ格上げの「宗主署名と花押」

『歎異抄』同様、第九代実如は、「御文章」数通末尾に「実如と証判（花押）」を押して「証判御文章」を授与します。手紙の差出人としての証判でなく、「聖教」としての「御文章」だから、奥書の証判が必要だったと、金龍静『同書』にあります。

しかも、これは蓮如上人自身の勧めでした。上人が家督を実如に譲ろうとした時、実如は能力が無いと辞退します。それに対し、『栄玄記』一一条にあるように「しかれば蓮如上人五帖の御文被遊候て実如上人へまいられ、これに御判を居られて、天下の尼入道へ御免あられ候へ。これにすぎて仏法の義とては別にはおりやるまじいぞ、と仰られ候。これによりて実如上人御代にて京田舎ともに御文いよいよ肝要と仰せいだされ候。」

と実如に「御判」を勧めたのです。

この時の蓮如上人準備の「五帖御文」が現在の五帖八〇通の形式であれば、第一帖目第一通が文明三年七月一五日のものなので、上人ご自身が「親鸞は弟子一人ももたず」を大変重視していたことになります。

第八節　解放された『歎異抄』

（資料篇七参照）

実如の第九代宗主継承や蓮如上人御遷化（明応八年・一四九九、三月二五日）の諸事万端が終了した頃か、永正八年（一五一一）の親鸞聖人二五〇回大遠忌大法要前後からか、『歎異抄』伝授が開始されました。

つまり、永正一三年（一五一六）三月一二日付けの了宗書写の「専精寺本」が書写されます。この本には各条文の通し番号がありません。書簡を編集した当初の蓮如本になかったのでしょう。

その後、聖教という認識が深まり蓮如本に通し番号がつけられ、その番号記載の同一六年「端の坊本」が書写されます。それを受けて、実悟が永正一七年（一五二〇）九月二三日の『聖教目録聞書』「仮名之正教分」に「歎異抄一巻」と記述します。「法文」が教団で聖教として認められ、単独で解放されだしたのです。尚、書写本はこの二本以外に、室町時代の書写本が六本確認されていますので、書写開始はもう少し早い時期かも知れません。

更に、江戸時代の写本、刊行本、『歎異抄』の名前記載の聖教目録は夥しい数です。中でも、本願寺派の宗祖五百回大遠忌記念出版の『真宗法要』、大谷派の同五百五十回大遠忌記念出版の『真宗仮名聖教』の刊行で全国に『歎異抄』を紹介していることは特筆すべきことです。

『真宗法要』は中国山地中央部の筆者寺院にも所蔵しており、全国規模であったと分かります。それ故、『歎異抄』禁書の事実は全くありません。年表をご参照下さい。

第三部　『歎異抄』禁書説とその対応

第一二章　埋められた『歎異抄』原本の外堀

第一節　消えた『歎異抄』私信の過去

第一項　実悟「歎異抄一巻」が蓮如上人「歎異抄一通」を覆う

ですが、『歎異抄』が永正一六年頃より正式に聖教として書写されだし、実悟の聖教目録に「歎異抄一巻」と書かれたことが皮肉な結果をもたらせます。「一巻」が蓮如上人の「歎異抄一通」を覆い、その意味を分からなくさせたのです。つまり、『歎異抄』が私信であったという過去が早期に不明になったのです。

第二項　当初から聖教と誤解

実悟によって、聖教目録に「歎異抄一巻」と記されたことが『歎異抄』原本の外堀を埋める皮肉な結果をもたらせます。その後の『歎異抄』の書写や解説の印象を考慮すると、そうとしか思われないのです。つまり、推測で恐縮ですが、当初から聖教であったと誤解して書写や解説が進められたのではないかということです。

そして、唯円が問題解決後に題名を付け公開を覚如に委託した文中の「歎異抄といふべし。」を、本人が「歎異抄」という聖教名を付けたように誤解したのです。そして、この誤解は連鎖して次々と影響を広げていきました。

第三項　蓮如上人の御指南「歎異抄一通」が不明に

先ず、『歎異抄』の前後に書かれた蓮如上人御指南の意味を分からなくさせます。「歎異抄一通」が何故に「一通」なのか、つまり、当初、唯円から義理の甥覚如への私信であったこと、蓮如上人が「歎異抄」と名前を付け、聖教化されたことが分からなくなったのです。そして、相手も目的も不詳のまま、異を歎ずる一信仰書と見られ、教団の将来を左右する重要な日野家親族間の書簡ということが抜け落ちてしまったのです。

第四項　蓮如上人の「当流大事の聖教」指定の意味が不明に

次に奥書の意味が分からなくなったのです。「当流大事の聖教と為すなり」という、上人の意志と注意喚起の目的が分からなくなったのです。

第五項　『歎異抄』奥書後半の解釈が不明に

更に、教団中枢部の責任ある僧侶群に必ず慎重に伝授せよと『歎異抄』を解き放った奥書後半の意味が分からなくなり、禁書の指示とまで誤解してしまったのです。

第二節　『慕帰絵詞』の「法文」が不明に

第一項　『歎異抄』原本の著者唯円、受託者覚如が不明、と誤解

次に『歎異抄』を当初から聖教だと誤解したので、折角『慕帰絵詞』に唯円の名前が出てきているのに、書簡の「法文」(『歎異抄』原本)も、その著者唯円も、受託者覚如も、相伝年時も、一切がその関係が分からなくなったのです。

そして、「不審の法文」が書簡を示しているのに、「不審の善悪二業の法門」について対話をしたと、覚如上人の「三代伝持の血脈」が成立しない無理な解釈を通してしまったのです。

第二項　『歎異抄』原本の著者唯円が不詳に

『歎異抄』が当初、私信であったという蓮如上人の御指南を素通りしたので、当然、「法文」つまり『歎異抄』原本の著者である唯円の出自が曖昧になり、その名前が決定するまで、大変な紆余曲折と時間がかかったのです。しかも、今もって、唯円は不詳で、小野宮家の詳細、日野家や九条家との関連に言及があまりに少ないのです。その上、唯円出自によって本文解釈が大きく左右されると思っていないのです。

第三項　『歎異抄』が所在不明となって、禁書と誤解

蓮如上人の聖教化までは、覚如上人が「法文」と呼んだ私信があったのみで、『歎

異抄』がない。ですから、覚如上人の聖教にその内容が引用されても、当時の聖教目録にその名前を見つけることは不可能です。又、蓮如上人の宗主時代にその名前を探してても出てきません。それで、その間の『歎異抄』が所在不明になったのです。それを『歎異抄』を忌避した、禁書にしたと誤解する人が出てきたのです。

第四項　「法文」（『歎異抄』原本）の目的不明、と誤解

『慕帰絵詞』第三巻に唯円の名前があっても、「法文」の意味が分からないので、第四巻に記載された善鸞「符術」と『歎異抄』原本との関連が分からなくなった。「善悪二業を決す」という教学的不審解決に注意が向き、具体的な教団の大問題と「法文」との関連が分からなくなり、「法文」（『歎異抄』原本）の目的が分からなくなったのです。そして、現行『歎異抄』を解釈する時、その全体を、善鸞「符術」に対応するより、関東一般の異義に対応するものとして解釈を進めてしまったのです。

以上のことが、実悟が聖教目録に「歎異抄一巻」とした当初から、連鎖的に起きてしまった。だから『歎異抄』が聖教として書写されだした早期の段階からその外堀が埋められ、誤解の中に書写され、書簡を示す「歎異抄一通」や、唯円が覚如に『歎異抄』原本「法文」を伝授した『慕帰絵詞』に注意が向けられない『歎異抄』解説が大変多く積み重ねられてきたと思われるのです。

つまり『歎異抄』の外堀が、蓮如上人の御指南にも関わらず、『歎異抄』蓮如本の書写開始の当初から埋められてしまったのです。そして内堀である覚如上人『口伝鈔』への注目がなされなくなっていったのです。

第一三章　禁書説の原因は第六条を「師の立場辞退」という誤解

（資料篇四参照）

第一節　第六条誤解が『歎異抄』禁書説の根源

更に、『歎異抄』禁書説は、第六条「親鸞は弟子一人ももたず」を、親鸞聖人が「師の立場を辞退」し、上下関係のない御同朋御同行の教団を希望された言葉と誤解したことに大きな原因があると思われます。つまり「僧侶の師資相承の骨格」が消滅し、本丸が倒壊・落城したのです。つまり、その誤解を延長させて、日野家中心の教団形成に邁進した覚如上人、成功した蓮如上人は第六条が邪魔になり、『歎異抄』を禁書にしたとしたのです。第六条誤解が禁書説の根源なのです。

第二節　「親鸞は弟子一人ももたず」を「師の立場辞退」と誤解する原因

第一項　『口伝鈔』第六条軽視が誤解の分岐点

この第六条の言葉を「師の立場辞退」と誤解する要因を尋ねますと、先ず、『歎異抄』

第六条の背景を詳述した覚如上人の『口伝鈔』第六条を顧みないことにあります。『口伝鈔』第六条は、『歎異抄』第六条が僧侶師弟間の対話で、念仏教団の形成論拠であり、「親鸞は弟子一人ももたず」が親鸞聖人が師の立場を堅持しつつ、念仏者を自専せず、御同朋御同行として大切になさる言葉であることを明示しています。ですが、解説書の多くは『口伝鈔』に言及せず「親鸞は弟子一人ももたず」の背景を伏せたまま、聖人が「師の立場を辞退」したように述べています。その中に禁書説が生まれたのです。『口伝鈔』という内堀が埋められてしまったのです。

何故、そんな思い込みに陥ったのか。その原因は案外に大きな背景があるのです。

第二項　『歎異抄』第六条が僧侶間の対話なることを忘却

(一)「親鸞は弟子一人ももたず」の素晴らしさに心酔

それは、ずばり、第六条の「親鸞は弟子一人ももたず」の素晴らしさに心酔し、その素晴らしさを顕彰することに情熱を傾け、他の論理が耳に入らなくなったからです。

親鸞聖人は師の立場から降りてくださった。「愚禿」と言われるほど謙虚で、一門弟の私の側にいてくださる、御同朋御同用と拝みあう上下のない教団を目標に行動なさった、何と素晴らしいことか。と。

それに比べると、覚如は日野家中心の上下のある教団形成に情熱を傾け、そのため、聖人の話を創設し、『歎異抄』を忌避し、唯円も冷遇して著述の中に一ヶ所も紹介していない。当時の聖教目録に名前がないと非難し、禁書説に行き着いたのです。途中経過を飛ばして、結論ありきの三段論法でたたみ掛けたような感じです。

(二)「親鸞は弟子一人ももたず」を誤解

次に、禁書説は『口伝鈔』第六条を無視して、『歎異抄』第六条の「親鸞は弟子一人ももたず」を「師の立場を辞退、降りた」と誤解したのです。

再述すると、『歎異抄』原本第六条の真意は僧侶の師弟間の対話で、「親鸞は弟子一人ももたず」の「**師匠の弟子自専の自戒**」と、「師の恩をもしるべき」の「**弟子の自**

覚喚起」とが一対で「**僧侶の師資相承を骨格とする正意の念仏教団の形成論拠**」を聖人御自身の言葉で告げられた「**教団形成の縦糸用**」の条文です。その聖人が師の立場を堅持しつつ「師匠の高みを降りた」ことを、「師匠の立場を降りた」と単なる念仏者同士の「教団形成の横糸用の言葉」に誤解したのです。これは蓮如上人『御文章』の「如来聖人が、念仏者の側にいて下さる暖かさ」とも違います。

第三節　「師匠の立場を降りた」と誤解する多くの要因

右のように第六条には「僧侶の師資相承」という骨格があったのが骨抜きになったのです。

実は、そう誤解する無理からぬ要因が多く有ります。列挙しましょう。

第一項　印象的な第二条「親鸞聖人の弟子の自覚」堅持と結合

『歎異抄』第二条には、親鸞聖人が法然聖人の弟子としての強烈な自覚を

「親鸞におきては　ただ念仏して弥陀にたすけられまひらすべしと、よき人のおほせをかふりて信ずるほかに別の子細なきなり（中略）たとひ法然聖人にすかされまひらせて念仏して地獄におちたりともさらに後悔すべからずさふらう」

と、邂逅の喜びと感謝の中に述べられています。

この第二条の親鸞聖人の弟子の自覚堅持と第六条「親鸞は弟子一人ももたず」を強く結合させ、親鸞聖人は生涯法然の弟子の立場を堅持され、師の立場につかれなかった、降りたと思い込んだのです。

確かに、本人にとって師は師、親は親です。しかし、時間の経過で、弟子が成長して師の立場に着くこと、子が結婚して親になることは当然あります。このことは誰にもわかることですが、親鸞聖人の生涯における法然弟子の自覚堅持と、親鸞聖人の師匠の立場辞退とを結び合わせて、聖人の突出した謙虚さを讃える解説書は案外に多数あります。時間の経過を無視しているのです。読者は誤解します。

この『歎異抄』第二条と結合した影響が第六条を「師匠の立場を降りた」と誤解さ

せる一番大きな要因でしょう。ですが、更に多くの背景があります。

第二項　第六条の聖人の「弟子の自覚」喚起を軽視

第二条の聖人自身の弟子自覚表明の印象が強いため、反比例して、第六条において、聖人が私どもに「弟子の自覚」を喚起されたことが見えなくなったのです。

そして、第六条に聖人御自身の「師の弟子自専自戒」表明と「弟子の自覚」喚起という二つの核があること、この二つ一組で本願の自然による念仏教団形成論拠が示されていることが分からなくなったのです。

第三項　「関東一門弟」の唯円に共感

次に、「唯円関東一門弟」説の影響です。「親鸞は弟子一人ももたず」を一門弟の唯円一人へ聖人が語られた。その唯円の立場に一門弟の自分を共感投影し、あたかも、親鸞聖人が師匠の立場を降りて私の所に来て下さったと、強烈な喜びを感じたのです。

その喜びは、それが誤解だと主張している筆者も味わいたい程に強烈なようです。尚、この強烈な喜びを熱心に語るのは、印象ですが、在家の方が多いように感じます。世間の厳しい上下関係に悩んでいる方には、聖人の偉ぶらない謙虚な態度が非常に温かなものに感じられるようです。

一方、住職は寺の法灯を継承する歴史の中にいるので、「弟子一人ももたず」と言っても、必ず師と弟子、住職と後継者は順送りになると思っているので、冷静に受け取るようです。同じ言葉でも立場によって受け取り方に大きな相違があるようです。

第四項　『歎異抄』第六条そのものに背景を詳説せず

『歎異抄』第六条の背景は、三年関東巡錫した覚如上人の『口伝鈔』第六条で分かります。この場面は多くの僧侶の弟子の面前で信楽坊が善鸞の元へ離脱し、聖人署名入り聖教取り戻しを蓮位に進言された時のものです。ですが、善鸞問題へ波及させぬために『歎異抄』第六条そのものにこの背景が直接書かれていません。それで、多くの解説書が背景を出さず、「親鸞は弟子一人ももたず」を唯円一人に「念仏の御同朋」と言われた聖人の肉声のように強調したのです。それで、多くの門弟の前に存在していた「大乗菩薩道の僧侶の師匠である親鸞聖人」が消えたのです。

第五項 「親鸞」を単なる自名と見誤った

『歎異抄』第六条の「親鸞は弟子一人ももたず」の「親鸞」は前述の通り、天親・曇鸞の両大乗菩薩から頂かれた、聖人の「大乗菩薩道の師匠」としての聖人自らの名告りです。それが、現行『歎異抄』前半が直接話法なので「親鸞」が頻出し、単なる名前と見くびって、親鸞聖人の「大乗菩薩道師匠の姿」が消滅し、その「師匠の末法救済の菩提心」が見えなくなったのです。

第六項 親鸞聖人の出自を見誤り、聖人を身近に感じた

（資料篇五参照）

歴史家は日野家を没落貴族だとして、日野家の日本全体の宗教的特別な立場を調査

せず、あるいは切り取って、詳しい歴史を人々に述べなかった。

日野家は「記」「紀」の神話の時代から天皇家と共に歩んだ宗教者「中臣氏（人と神の中を相和すゆえ天皇が命名）」の系統で、「大化の改新」で天皇の日本統一を助けて「藤原氏」を賜い、権力を掌握した摂関家の藤原北家の中の一族です。

更に、伝承ながら日野家先祖が平安京の平安を祈念する延暦寺の最澄の大乗戒壇勅許を仲介し、その時の最澄謝礼の薬師如来が日野法界寺の本尊となっています。同寺は末法前年の永承六年（一〇五一）、平等院頼通より土地割譲を受け建立されました。つまり、日野家は平安京さらには日本全体の安寧を祈る特別な宗教的根源の立場に位置します。聖人はその歴史を担い、薬師如来を拝んで成長した日野家嫡男です。

そして、聖人は最澄の「一隅を照らす。これ即ち国宝」を受け、末法の日本全体を救う菩提心をもって、最澄後継者の天台座主が門跡門主の青蓮院で出家しています。そして、聖人の熊皮の御影の讃は青蓮院の尊円法親王（父親が伏見天皇、母親が三善俊衡の女）が書いたと言われ、聖人内室の恵信尼は三善氏出身であり、更に覚如の本願寺寺号取得は天皇の勅願です。その後も、本願寺は天皇の皇子が門跡門主になる青蓮院の子院であり、本願寺宗主は第一〇代まで青蓮院で出家しています。

又、日野家は資朝や俊基等が後醍醐天皇の倒幕に協力し、足利義満や義政の室町幕府の将軍の正室康子や富子を排出するなど中央政界とも深く交流しています。日野家・本願寺と、天皇家・青蓮院とは現代に至るまで到底書き切れないほど深く長い交流を続けています。

親鸞聖人の視野は末法世界全体、日本全体の救済に向けられ、本願寺の活動も聖人の思いを実践してきた歴史をもっています。明治維新以降、皇居が東京に移り、両者が分離され、千数百年共に歩んだ印象が急激に薄れましたが、これは歴史的事実です。

しかし、歴史家はそれを言わず、『歎異抄』読者は、没落し家庭的不幸も重なって出家した親鸞聖人を自分の身近に感じて、法然の一門弟に終始したと思ったのです。

閑話休題

『古事記』に、日本の大八島を産んだ伊邪那美命（いざなみのみこと）が火の神を生んで亡くなり、その埋葬地が出雲国と伯伎国の境・現広島県庄原市の比婆山（御陵）だとあります。周囲の二千平方キロが広大な砂鉄産地です。その庄原市に『古事記』ゆかりの神々をまつる多くの神社の中で、中臣（藤原）氏の祖先神天児屋根尊等をまつる森の白鬚神社があります。天児屋根尊は天照大神に天岩戸から出て貰う祝詞を読み、天孫降臨の時に随順したと記されています。

砂鉄は鑪（たたら）製鉄の原料で、江戸期終りには日本の九割の鉄が中国地方で産出されています。私は比婆山とは「火場山」で火（たたら）の聖地を示し、周囲の四隅突出型墳丘墓も四方向からの参道がある比婆山を遥拝し、模したものと想像しています。『古事記』は鉄を求めた大和朝廷の揺籃期を物語り、現在まで続く大和朝廷と藤原氏の補完の関係が垣間見えます。気の遠くなるような長い、又、ロマン溢れる話です。

（『日本誕生の女神』庄原市比婆山熊野神社解説本編集委員会編参照）

第七項　聖人出家の動機を見誤った

上記に関連して、歴史家が聖人の出家を政治的没落や家庭的不幸からの逃避的行動と述べています。それで、『歎異抄』読者は、その境遇や比叡山での厳しい求道と修行、法然との邂逅など、聖人の苦難の人生と念仏との出会いを、自分たちの身近に感じた。だが、覚如上人が親鸞聖人の事跡を尋ね記した『御伝鈔』には聖人御出家を、伝教大師の「一隅を照らす、これ即ち国宝」を継承した「興法の因うちにきざし　利生の縁ほかにもよほし」た強い自発的な動機であったと述べています。この末法世界を救う聖人の大乗菩薩の菩提心、「仏法弘通の本懐」「衆生利益の宿念」(『御伝鈔』下巻第二段)を見誤ったのです。聖人修行時代の常行堂の堂僧も本人の意志かも知れません。当時は三・四才で四書五経を習い、一二才で元服すれば戦場にも行ったのです。聖人の意志に敬意を払うべきです。

第八項　比叡山からの下山に弱い聖人と見誤った

親鸞聖人の比叡山からの下山を、多くの歴史本は、聖人が修行を完成できない限界を感じ、弱さに負けたからだと記述しています。それで、その印象から、聖人は生涯師匠の立場に着かず弟子の立場堅持の道を歩まれたと思ったのです。

しかし、聖人は比叡山眼下に展開する末法の世界、つまり大飢饉や、子孫が臣下となった朝臣に翻弄され天皇さえ命を落とし、親子兄弟縁者が殺し合う源平の戦い、三百年続いた天皇中心の京都から武士中心の鎌倉へと激変する世を俯瞰します。その中で流転する例外のない全ての人間の苦悩を見ます。そして、山上で特別な少数の修行者のみがさとり救われる道ではなく、自分自身を含めて一切衆生が救われる大道を求めて下山されたのです。それが、万人が救われる「大乗仏教」の浄土真宗の立教開宗の宣言に結実したのです。

第九項　「主上臣下法に背き義に違し・・」に民衆の味方と誤解

親鸞聖人の『教行信証』に承元の法難への標記「主上臣下・・」の厳しい言葉があります。歴史家はこれを天皇制の否定と語ります。それで、聖人は常に民衆・自分達の立場にいて下さると身近に感じる方が多いのです。

ですが、よく見ると、これは承元の法難の責任を後鳥羽上皇個人と学者と興福寺に限定したものです。天皇制の否定ではないのではないでしょうか。その上、『教行信証』には「王妃韋提希、阿闍世王」の救済が説かれています。つまり、親鸞聖人は天皇から民衆まで社会的立場や権力や財力の有無、修行の長短、年齢、善悪、怨親などの一切の分断する価値観を超えて、流転する生きとし生ける者を救う「浄土より来生の大乗菩薩道の師匠の立場」に立たれた方なのです。例えると聖人は巨大な変圧器（トランス）のような方です。無量の本願力・高電圧を一番罪の重い念仏弾圧者から群萌まで相手に応じて最適な救い・電気を供給なさったのです。ですが、多くはこの『教行信証』の言葉に、聖人が生涯民衆の味方を堅持した方と好意的に思い込んだのです。

閑話休題

「蓮如上人の『白骨の御文章』の三割ほどに後鳥羽上皇の『無常講式』の一部が「しげしといへり」と引用されています。『存覚法語』からの再引用です。真宗関係者は葬儀の時、かつての念仏弾圧者の後鳥羽上皇に随分支えて貰っているのです。

この『無常講式』は承久の乱で隠岐の島幽閉後に念仏を喜ぶように激変した後鳥羽上皇の臨終間際の表白です。この上皇の心境激変には、『口伝鈔』第一段で宮中で罪業深き者への救いである法然本願念仏を述べたと記載された聖覚法印『唯信鈔』教導の影響が絶大です。承久の乱直後、上皇や関係者がその聖覚の説法を思い出し、仏教者を処断した者への阿弥陀仏の救いを尋ねています。その後、上皇の子孫が百回忌でしょう、聖覚法印と同路線と感じた真宗の大学者存覚を招き『講式』を見せて、上皇が極楽に救われたかを確かめた。そのため、鎌倉幕府の目から厳重に秘匿していた後鳥羽上皇の『無常講式』の一部が存覚の記憶の範囲で漏れたのでしょう。その『無常講式』の古写文が大正五年に和田英松により仁和寺から発見され、同八年国宝に指定されています。上皇崩御後、関係者が密かに隠岐の島より京都へ持ち帰り厳重に秘していたものです。

『教行信証』は、親鸞聖人が阿弥陀仏の誓願による善悪や階位を超えた万人の救いを宣言された浄土真宗立教開宗の書であることを忘れてはならないと思います。」

（資料篇六参照）

第一〇項　聖人の平凡な臨終に一念仏者と見誤った

毎年の御正忌報恩講で拝読される『御伝鈔』下巻第六段で、「ついに念仏のいきたえをわりぬ」とあります。多くの人はこの奇瑞のない平凡な臨終に、聖人が平凡な一念仏者の印象をもちます。これは、看病した季娘の覚信尼が感じたのと同様です。

ですが、母親の『恵信尼消息』を再読して下さい。覚信尼がその不満を越後の母恵信尼に告げた時、聖人の人生の伴侶恵信尼が実感した聖人の宗教的本質、聖人が浄土から来生した観世音菩薩の化身だったという返事です。その浄土から来生した親鸞聖人の往生は出た場所へ還（かえ）るので「還浄（げんじょう）」と言うべきです。

ですが、還浄であっても案外、平穏な臨終だということを留意しておきたいものです。すると、周囲の平凡な往生をされた方の中に、浄土より私を導きに来た還相の菩薩がいたと味わえて先祖の御恩が一層喜ばれ、浄土に荘厳された人生だったと心豊かに見直せるでしょう。

第一一項　『和讃』に注目し、漢文聖教相伝を等閑視

聖人は三帖和讃を記述し、民衆に教えを平易に伝えられた。蓮如上人がそれを開版し、大量に民衆に届けて下さった。それに慣れてしまい、聖人を自分の身近に感じた。それで、聖人が漢文聖教、特に『教行信証』を「釈親鸞」の大乗菩薩の師匠名で僧侶集団に相伝されていることの印象が薄れてしまった。

第一二項　聖人門弟を一般農民に限定してしまった

聖人の門弟を自分たちと同様の一般農民と誤解した。勿論、人口比からも説法相手は農民が多いでしょう。しかし、常陸の鹿島神宮は藤原氏先祖の氏神であり、関東にも聖人親族の藤原摂関家の土地もあり、支えた主要門弟もその関係者が多く、京都と交流する地方有力者で漢文聖教が読めた教養人でした。聖人も母が源頼朝の縁者という説もあり、鎌倉幕府問注所長官も代々三善氏であり、聖人も幕府の経典編纂に従事しています。又、嫡男善鸞が相手にしたのも幕府要人であり、聖人門弟が御本典出版

の外護を得ており、鎌倉周辺に多くの真宗寺院が展開していたことは第四章で述べました。

又、『御伝鈔』下巻第五段の「平太郎なにがしといふ庶民」の「庶民」が今と違って「京都御所からの官位を持たないが、実は地方の有力者」という意味であり、「平太郎」も「平家」の「太郎」と読める可能性もあります。

これらは、初期真宗教団の中心を農民とするか、「悪人正機」を喜んだ藤原摂関家の関係者や関東武士階級や地方有力者を母体とするかの大きな差となるでしょう。この差は現代の教団路線に大きな影響を与えましょう。

鎌倉武士は激しい武力抗争で政権を奪取しました。表面は善人で統治しても内心の人を殺めた罪の意識は深く、農民の虫や魚鳥を殺す罪の意識以上でしょう。聖人は誰であっても人間の罪深さがあることを透徹した目で見、悪人正機を述べられたのではないでしょうか。どちらにしても、初期関東真宗教団を支えた聖人門弟は農民に限定できず、多彩な人物を想定すべきです。それを一般農民と誤解したのです。

第一三項　「幽棲を占」「蓬戸をとづ」に、伝道しない聖人と見誤った

『御伝鈔』下巻第二段に常陸の笠間郡稲田郷で、親鸞聖人が「隠居」、「幽棲を占」「蓬戸をとづ」という表現があり、積極的伝道をしなかったという印象をもった。

これは、『教行信証』執筆前後の一時期のことか、文学的表現でしょう。しかし、聖人の大乗菩薩道の師匠としての実質は、同第三段に「専修念仏の義をひろめたまふに、（中略）聖人板敷山といふ深山をつねに往返したまひける」や、雪中の枕石寺の逸話のように、聖人は常に積極的に伝道されていたのです。

以上、「親鸞は弟子一人も持たず」を、聖人が師匠の立場を降りたと誤解する要因があまりに多いことが分かります。ですが、何といっても、大乗仏教々団の起点は親鸞聖人です。そしてその正意は師の聖人に師資相承する僧侶の骨格によって継続維持されます。その起点や骨格が消えれば単なる念仏者の集団です。一つ一つご検証いただき、聖人が師匠の立場を堅持されていることを確認して頂きたく思います。

第四節 第六条を「師の立場を降りた」と言う誤解の好影響

こうして、親鸞聖人が「師の立場を降りた」という誤解は『歎異抄』第六条の背景や歴史を知らない人には上記の多くの誤解しやすい要因をそのまま受け取れば、大変分かりやすい説明ですし、謙虚な聖人を御同朋御同行の念仏の先達や友として本当に身近に感じることになります。

そこで、聖人の念仏のお勧めを素直に聞いて念仏を称える者となり、それに影響を受けて更に人が念仏を喜ぶ。名号の功徳が流行する大乗仏教伝播の特性で、普通の人が身近な人々に念仏を勧めることになり、人口比率も多いことから、念仏が水平方向に広がる大きな力になったのです。そして、親鸞ブームとか『歎異抄』ブームをもたらしたのです。

聖人の「親鸞は弟子一人ももたず」を「師匠の立場を降り」、「弟子の立場を堅持」し、「御同朋御同行と共に歩まれた」という強い思いは、水平方向の念仏伝播や拡散に好影響をもたらしたのです。

第五節　第六条を「師の立場を降りた」と言う誤解の悪影響

ですが、一方、「師の立場を降りた、辞退した」という誤解は、「僧侶の師資相承の骨格」を崩壊させ、聖人観や教団観に悪影響ももたらします。この指摘は針小棒大なものに聞こえるかも知れません。しかし、火にかけた水の中を泳いでいたカエルが、ある時点でアッという間にゆでガエルになるようなことになっては大変です。悪影響の指摘が単なる危惧であったと言えることを念じながら、いくつか言及しましょう。

第一項　「大乗菩薩道の師匠像」の消滅

親鸞聖人は大乗仏教の社会的創始者、実践者で、その正意を伝える大乗菩薩道の師匠です。大乗仏教は大いなる乗り物・阿弥陀仏の弘誓によって十方衆生が流転輪廻から救われる教えです。救い主は阿弥陀仏、救う相手は万人、救いは仏願に誓う流転輪廻からの救いです。このことを教示する大乗菩薩道の師匠である聖人は、阿弥陀仏の本願を基本に、一切の分断を超える万人の救い、煩悩を超える浄土への往生を勧められました。

しかし、「師匠の立場を降りた」となれば、その師匠像が消えます。そして、聖人が伝授された大乗仏教の基本が揺らぎます。

そして、日本全体に対する日野家の宗教的精神性の高さが不明になり、末法の苦悩の人々を救うために聖人が「興法の因うちにきざし　利生の縁ほかにもよほ」して出家した動機が見えなくなります。そして、慈愛の行動や、僧侶の弟子への『教行信証』伝授、大乗仏教正意を教示する大乗菩薩道の師匠像が消滅する危惧が生じます。

第二項　政治や思想に左右される

次いで、特定の政治や思想の信条を持つ発信力の強い者達が、自分達に都合の良い聖人の言葉を利用することが出現します。表面は聖人の言葉でも、実は願主は自分達、救われる者も自分達、救いの内容も自分達の政治的目的成就にしてしまうのです。

それは封建、軍国、民主、共産、平和、平等、生命尊重の特色ある主義や信条が強調されるあらゆる時代で起き、我田引水された聖人の言葉が、逆に敵・味方や上・下の分断を生み、争いを固定化し、大乗仏教の目的である流転輪廻からの脱却を見失わせてしまうのです。もし、親鸞聖人があらゆる立場の人を救う「大乗仏教」の創始者・実践者であることに留意しなければ、政治的に流動する場面が増え、時代の偏った政治や思想の風潮に大きく左右され、教団の立ち位置に困難を来します。そうした歴史があったことは事実です。『歎異抄』第六条の解釈は政治面にも波及するのです。

尚、時代に左右された痕跡を消去して歴史を語ろうとすることがあります。ですが、都合のわるいものを消去すればそこが分断し、空白になり、知らなければ亦同じ轍を踏むでしょう。教団の歴史の語り方には叡智がいると思います。

第三項　「浄土より来生した親鸞聖人像」の消滅

そして、次には「浄土より来生した親鸞聖人」のお徳が見えなくなります。

恵信尼や唯円や蓮位などが実感した親鸞聖人の宗教的真実の「浄土から来生した如

来聖人」が分からなくなります。そして、「人間親鸞」を自分の尺度に合わせて語るようになります。覚如上人が「浄土から来生」と「浄土へ往き生れる」聖人を混然一体に顕彰しましたが、その「浄土から来生」の聖人讃仰を批判する方向へ流れ、覚如上人『歎異抄』禁書説へ傾斜し、上人心血傾注の本願寺教団に暗い影が差すのです。

第四項　正意を継承する「僧侶の師資相承」の骨格・縦糸の消滅

そして、大乗仏教の正意を教示する起点である僧侶の師匠である親鸞聖人像が消滅すると、その後に続く僧侶の弟子が立場を失ないます。よって、大乗仏教の正意を歴史の中で貫く僧侶の師資相承という骨格・縦糸が揺らぎます。

ご門徒との『歎異抄』輪読会で、第六条まできた時、「自分がいる場が無いよ—。」と悲痛な言葉を上げて輪読会を中止した住職がいました。師の立場に立たない聖人の謙虚さを讃えると、その反面、そうならざるを得ない状況を生んでしまうのです。

そして、僧侶の立場がないので、法統を引き継いだ住職の誇りと喜びが消え、「呪われた宗門の子」と思いつめるようなことが出てくるのです。

第五項　念仏教団の形成論拠の消滅

第六条の真意は「師の弟子自専の自戒」と「弟子の自覚」によって僧侶の縦糸の軸が出来、本願の自然の中に念仏教団が形成されるという論拠でした。だが、その起点の師匠が消えるので、本願による教団形成の論拠を失います。又、聖人が師匠の立場を降りたと思うほどなので、聖人血縁者宗主制を批判することが出てきます。

ですが、それは大乗仏教成立の根拠や象徴、自身の僧侶の根拠を失うことで、現実の教団形成や方向を喪失することに通じます。あたかも、自分は一階も二階も必要ない。見晴らしの良い三階だけがほしい、と言っているようなものでしょう。

そして、教団や僧侶の根拠を世俗の論理や法律に求めることになり、時代に翻弄されやすくなります。

第六項　僧侶と一般念仏者との差異の曖昧化と混乱

その言葉を、聖人が「師の立場を降り」、上下のない御同朋御同行教団を願われたと理解した時、僧侶と一般念仏者との正意を護る立場の差異が曖昧になります。

その上、「御同朋御同行」の言葉自体がその混乱に拍車をかけます。

「同朋」とは兄弟の意で、兄と弟、親と子、先祖と子孫の立場は意識され、念仏の師と弟子、兄弟弟子の差も意識されて念仏の相承が維持されます。ちなみに兄弟は平等ではなく、平等だと思うのは兄の錯覚です。兄弟は兄・弟で立場が違うのです。

一方、「同行」は同じ浄土へ行く仲間で、おなじ川の水は同一、更に、海に入れば同一の塩味になるので差異は意識されなくなります。そこで一度に「御同朋御同行」と言うと、念仏教団の構成員が単純に「皆平等で一緒」と感じられ、念仏相承の秩序が曖昧になり、混乱が深まります。

同じ念仏者でも、聖人血縁者には象徴的で重大な、又、僧侶には僧侶なりに、住職には住職なりの正意を守る責務と立場があります。一般念仏者には念仏の喜びを自由に享受し有縁の者に念仏を勧める立場があります。同じ道を歩む友ゆえに秩序があるのです。和敬清寂を重んじる茶道でも、筆者が学生時代汗した剣道部でも師と弟子、更に趣味の者とでは、道を求める仲間であるからこそ、技量や神髄相伝における責任が全く違います。同朋教団も同様と思います。

もし、単純に「念仏の教団構成員は皆が平等で一緒」となると、正意を護るご門主起点の僧侶の師資相承の縦軸と一般念仏者の立場の相違が揺らぎます。会則に住職の関与が規定されていない教化団体が住職から離れて独自の歩みをはじめます。僧侶の「釈」と帰敬式者の「釈」の相違が分からなくなり、住職や僧侶の正意の導きが混乱します。皆が平等なれば正意継承の秩序構築をいかにするかが問われてきます。

又、皆が一緒と言う口調に、ひょっと、今の本人の立場を守り強めようとする本心が聞こえたりすることもあります。同じ素晴らしい主張も、人の世の中なので受け取り方も意味する所も一つでなく、混乱が深まることがあるのです。

第七項　教団そのものを否定する風潮の蔓延

第六条を「親鸞聖人は教団形成の意図がなかった」と受けとり、教団そのものを否定し教団から離れる人も出てきます。回向句の精神が霧散し、「皆で救われよう」という大乗仏教教団が消滅する恐れも出てきます。

第八項　相承なき自由な所論の流行と混乱

更には、正意相伝認可の「釈」のない思想家、歴史家などの方が、その自由な立場から自分の学説や思いに合う解釈を発表して、人によっては名利を追求して責任は取らないことも出てきます。しかも、それは「学説」なので先祖からの念仏継承の喜びもなく、本人の称名念仏もなく、自分の子孫が念仏せず浄土往生できなくとも痛痒を感じず、念仏の伝承とは無関係な説の氾濫に繋がりかねません。目新しい多くの学説は広範囲に広がるが、誰も責任を取らない、称名しない親鸞ファンの集まった歎異抄愛好家集団という混沌とした団子状態が出現するのではないでしょうか。

以上、『歎異抄』第六条は「僧侶の師資相承を骨格とする正意の念仏教団形成の論拠」で歴史を貫く「縦糸用の言葉」だったものが、「僧侶の師資相承の骨格」が抜け落ちて、念仏者同士の「横糸用の言葉」とか教団形成否定の言葉に解釈されるという危惧に言及しました。あたかも、一枚の布を織る時の縦糸の重要性を説く言葉を、横糸用に誤解するようなものでしょう。どんなに素晴らしい横糸があっても、縦糸がなければ織れません。螺旋階段を最初の一歩を右に行けば昇るのに、左に行って降りてしまうように、『歎異抄』第六条のずれた理解がいつの間にか『歎異抄』禁書説へ傾斜していくのです。筆者の思い過ごしにならなければ幸いです。

『歎異抄』禁書説の方も、親鸞聖人に対する敬意をもたれています。ですが、それが過度になりすぎたのでは。梅原猛『歎異抄校注・現代語訳』(講談社)、山折哲雄『人間蓮如』(春秋社)、井沢元彦『逆説の日本史6　中世神風編』(小学館)等の禁書説を読み合わせしながら、次章を冷静にお読み頂ければ幸いです。

第一四章　「『歎異抄』禁書説は誤解の産物」の証明

著者唯円の出自を確定せず、唯円と対話した覚如上人の言葉を注視せず、『歎異抄』実物を見た蓮如上人御指南を素通りしたために、第六条の理解が「聖人が師匠の立場を降りた」とずれました。そして、聖人は弟子の立場を堅持し御同朋御同行と上下関係の無い教団を願われた。対するに覚如・蓮如上人は日野家中心主義のピラミッド型教団を構築しようとし『歎異抄』が邪魔になったと、ついに『歎異抄』禁書説が生まれたのです。以下、覚如・蓮如上人への禁書説の主張を述べ、次に反論しましょう。

第一節　禁書説（忌避説）は誤解の産物

禁書説を覚如上人の場合は忌避説と言い、以下、それに反論しましょう。

第一項　忌避説一―覚如「三代伝持の血脈」に邪魔故に『歎異抄』を隠蔽、は誤解

覚如は「三代伝持の血脈」を強調し日野家中心の教団の形成するために、血縁にとらわれない『歎異抄』第六条「弟子一人ももたず」が邪魔になった。それで、忌避した。内容も隠蔽した。

「忌避説一は誤解」

先ず、覚如上人は『歎異抄』第六条の「親鸞は弟子一人ももたず」を『口伝鈔』第六条や『改邪鈔』第四条に引用し、全く忌避していません。その言葉で、聖人が弟子自専の師匠格の者達へ、師匠の高みから降りるように教導する存在と顕彰しています。

又、覚如上人著述聖教には『歎異抄』原本の内容が記され、現在に至るまで、教団の正式な聖教として伝授されています。隠蔽も全くありません。

次に、覚如上人の「三代伝持の血脈」は、唯円の『歎異抄』原本の教示を受けたものです。唯円自身が、聖人血縁者の重要性と責務を覚如上人に伝えたのです。大乗仏教なればこそ、聖人血縁者宗主制は大切な象徴で、その意義を教示したのが唯円自身です。ですから、覚如上人の賢明な路線は唯円教導の賜物です。前述の通りです。

忌避隠蔽の事実もなく、理由も該当せず、その主張は誤解の産物です。

第二項　忌避説二―覚如の聖人奇瑞創唱、は誤解

覚如は日野家中心主義の教団形成のため、『御伝鈔』などで、ありえない多くの親鸞聖人の霊夢を記述し、堅実な『歎異抄』が邪魔故に、同書を忌避した。

「忌避説二は誤解」

覚如上人記述の霊夢は創唱でありません。誤解です。このことは前に詳述しました。それらは、むしろ慎重な記述です。『歎異抄』自身が「浄土へ往生」する歴史的聖人像と同時に「浄土から来生」の宗教的聖人像を穏便に顕彰しています。覚如上人は『歎異抄』原本の聖人顕彰路線を継承しているのです。

第三項　忌避説三―覚如は『歎異抄』の内容を忌避、は誤解

覚如は『歎異抄』の内容を忌避している。

「忌避説三は誤解」

覚如上人は、『歎異抄』第六条の「親鸞は弟子一人ももたず」のみならず、『歎異抄』原本の内容を多く紹介しているのは明らかな事実です。後発で女性系の本願寺教団にとって、第六条は関東男性高弟教団に対抗できる有力な条文です。上人が教団形成の障害故に『歎異抄』原本の内容を忌避したということは全くありません。逆に、むしろ、積極的に紹介しています。この忌避説は誤解です。

それにしても、忌避説は覚如上人が「親鸞は弟子一人ももたず」を紹介している基本を見落としたか、紹介してないと誤解しています。

第四項　忌避説四―覚如は唯善師匠ゆえに唯円忌避、は誤解

覚如は、唯円が敵対した唯善の師匠であり、『歎異抄』を唯善に与えたので、唯円の名前や『歎異抄』を忌避・隠蔽している。

「忌避説四は誤解」

『歎異抄』は唯善へのものではありません。それなら、唯善系寺院が積極的に公開したでしょう。だが、その事実もなく、寺の宝法物の記録にも記載がありません。それよりも、『慕帰絵詞』第三巻に、著者唯円との対話並びに「法文」（『歎異抄』原本）の相伝を、覚如上人が常に激賞していたとあります。上人は『歎異抄』原本の内容を著述に書く度に「唯円大徳」と讃え、伝来時期も、その事情も明言し、相伝の素晴らしさを話していたのです。それで、弟子達も周知する故に伝記に書けたのです。ただ、当初の『歎異抄』原本は題名も著者名もない私信故に、上人は「法文」と言い、聖教名が上人伝記や聖教、当時の聖教目録（存覚『浄典目録』）になかったのです。覚如上人は忌避・隠蔽されたのでは全くありません。この誤解は、蓮如上人の御指南を素通りした弊害です。忌避説は誤解です。

第五項　禁書説五―蓮如本『歎異抄』奥書は禁書指示、は誤解

蓮如本『歎異抄』の奥書は禁書の指示ではないか。

「禁書説五は誤解」

第一部を見て下さい。奥書前半は、「私信」を『歎異抄』と聖教化したが、特に「当流大事の聖教と為」す上人の意志です。奥書後半は重要な聖教なので埋没させず、カなき者には見せずに、教団の中枢部の僧侶へ慎重に伝授せよと解き放つ第九代実如への注意書きです。「釈蓮如　花押」は私信を聖教に格上げした上人の意志です。

ですから、禁書説は禁書の歴史的事実も無いのに、奥書を禁書の指示だと誤解したのです。むしろ、奥書は、蓮如上人が『歎異抄』を解き放った言葉です。

第六項　禁書説六―蓮如は唯円や『歎異抄』の名前を隠蔽、は誤解

蓮如は唯円や『歎異抄』の名前を出していないではないか。

「禁書説六は誤解」

蓮如上人の編集・聖教化まで現行『歎異抄』は無かったのです。日野家伝来の宗主用私信の「法文」があったのみです。上人は宗主時代は聖教の範囲を厳しく制限し、

唯円や『歎異抄』原本の扱いは覚如上人路線を踏襲したのです。他宗・他派の和語聖教や教説との混乱を避けるためです。そして、『歎異抄』原本の経緯や著者唯円が明記されている『慕帰絵詞』を門弟に授与されています。ですから、全ては自明の事実で、特段に隠匿してないのです。禁書説論者が誤解しているのです。

第七項　禁書説七―蓮如は教団形成否定の第六条を忌避、は誤解

『歎異抄』第六条「親鸞は弟子一人ももたず」は聖人が師匠の立場から降りて一門弟唯円を御同朋御同行と宣言され、上下関係のない教団形成を目指された言葉であった。それ故に、ピラミッド型教団を目的とした蓮如にとって邪魔だった。それで『歎異抄』を禁書にした。

「禁書説七は誤解」

この条文の背景の『口伝鈔』第六条を見るべきです。聖人は師匠の立場を降りていません。その内実を第一三章に詳述しています。又、唯円は関東の一門弟でなく、覚

如の義理の叔父です。『歎異抄』原本は唯円が甥覚如に正意の教団興隆を依頼した親族間の私信です。唯円はこの第六条で、覚如に「念仏教団の形成論拠」を示して宗主就任を要請し、同時に「愚禿」という宗主の人間性陶冶を教示したのです。

蓮如上人は、『歎異抄』実物を見、この第六条の意味を熟知しているので、一切隠蔽していません。文明三年の書簡で親鸞聖人を「如来聖人」と規定すると同時に「親鸞は弟子一人ももたず」を公開し、覚如上人著述聖教の伝授で『歎異抄』原本を積極的に紹介しています。

禁書説は、『歎異抄』第六条を紹介した第一帖目第一通の蓮如上人の御文章を見落としたか、誤解しているのです。

第八項　禁書説八―蓮如は「親鸞は弟子一人ももたず」を隠蔽した、は誤解

蓮如は『歎異抄』第六条の「親鸞は弟子一人ももたず」を隠蔽したではないか。

「禁書説八は誤解」

全く、そのようなことありません。文明三年七月一五日の御文章に書かれています。しかも「かたのごとく耳にとどめおき候ふ分、申しのぶべし」と、それが書かれている『口伝鈔』等の覚如上人著述や、唯円や『歎異抄』原本の経緯記載の『慕帰絵詞』を授与していることも述べています。又、平素でもこの言葉を格言のように言われています。隠蔽というのは全くの事実誤認です。しかも、この文明三年の御文章は第一帖目第一通という冒頭に納められ、全国の寺院、門徒宅へ流布しています。

私どもは「親鸞は弟子一人ももたず」が教団形成に障害ゆえに『歎異抄』を禁書としたという説に毅然と対峙したいものです。

第九項　禁書説九—蓮如は教団経営に悪人正機忌避、は誤解

『歎異抄』第三条悪人正機説や第一三条「ひと千人ころしてんや」が、教団経営に危険と思ったのではないか。

「禁書説九は誤解」

『末代無智章』に「たとい罪業は深重なりといえども」とあったり、諸処に人間の罪業深きことは述べられています。更に時代は大飢饉と戦乱の渦中です。現実そのものが『歎異抄』以上に危険です。

又、蓮如上人は弾圧や迫害を恐れることなく伝道されています。『歎異抄』が危険である故に禁書にするなど思いもされていません。この説は問題になりません。

第一〇項　禁書説一〇—蓮如は先祖供養否定や寄付禁止で忌避、は誤解

『歎異抄』第五条の先祖供養の否定や第八条の寄付禁止が教団経営に邪魔だったのではないか。

「禁書説一〇は誤解」

蓮如上人の懸命な伝道や『御文章』発布などで、吉崎御坊に門信徒が群参して参詣制限するほどでした。又、山科本願寺は御門徒の膨大な喜捨と尽力で成り、更に、名号揮毫の礼金で大阪の石山御坊が建立されるほどでした。教団経営に先祖供養否定や

寄付禁止の『歎異抄』が邪魔だったとは思えません。この説も問題になりません。

第一一項　禁書説一一―蓮如は「浄土の慈悲」が人間の努力を否定ゆえに忌避、は誤解

『歎異抄』第四条は「浄土の慈悲」を説き、人間の努力を否定する故に、隠匿したのではないか。

「禁書説一一は誤解」

蓮如上人四七才寛正二年は正月二月で洛中に餓死者等の遺体が八万二千体以上あり、直後の応仁の大乱は都中を灰燼に帰し、戦国時代に突入します。上人も奥様や嫡男順如や長女の一男六女に先立たれています。人間そのものの限界が露呈した時代です。「浄土の慈悲」が素直に肯かれます。その中で、蓮如上人は『白骨の御文章』で、無常の世なる故に、阿弥陀仏のお慈悲をたのみに念仏もろともに立ち上がろうと勧化されています。『歎異抄』を、この理由で隠匿することは全くありません。

第二節　蓮如上人の人格に関わる禁書説は誤解と偏見の産物

第一二項　禁書説一二―蓮如は回心なき野心家でピラミッド教団を念願して禁書、は誤解

蓮如は生まれながらの坊主で回心もなく、貧しい大谷本願寺を大きなピラミッド型教団に築こうとした野心家であった。それ故、成功して「功なり名とげてしりぞくは天の道」と満足して引退した。純粋な同朋教団を願い、ピラミッド型教団を否定する第六条のある『歎異抄』は邪魔なので禁書にしたのではないか。

「禁書説一二は誤解」

これは、蓮如上人の人間性に関わる論難です。多方面から反論したいと思います。

①蓮如上人に第六条紹介の事実

先ず、どの命も流転輪廻の暗闇から縁頂いて仏縁が恵まれる人間界に素晴らしい生を得たのです。その中で、「生まれながらの坊主」は必ず仏縁に恵まれる、又、人に仏縁を届けることのできる尊い誕生です。お互い、自身の有り難き人間界誕生に感謝

を持ちたいものです。

次に、蓮如上人が第六条「親鸞は弟子一人ももたず」を御文章や覚如上人関係の聖教伝授で公開し、又、日々の生活で話していることは歴史的事実です。禁書説の前提そのものが全く成立しません。

更に、禁書説は『歎異抄』第六条の受け取り方がずれています。第六条は念仏教団の形成論拠です。蓮如上人が隠蔽する必要はまったくありません。

以下、更に、蓮如上人の人間性を尋ねていきましょう。

②蓮如上人の原点は生母の言葉での回心

蓮如上人の生母は戦乱で親元不明のまま大谷本願寺に身を寄せ、夫の母の付き人であった女性です。夫に正式な結婚が決まり、蓮如上人六才、応永二七年一二月二八日、大谷本願寺から身を引きます。その時、生母は、上人に鹿の子の小袖を着せて絵師に画かせ、それを抱いて出て行きますが、

「ねがはくは児の御一代に聖人の御一流を再興したまへと、懇ろに心腑を宣べた

まふが、そのままいづかたともなく出たまひき」

と、『蓮如上人遺徳記』にあります。上人は、その日を生母の命日として法要を勤め、浄土真宗の修学に励み、一五才の時、「真宗興行の志し」を立てます。

社会的弱者の生母は、親鸞聖人の教説を「弱者正機」、「苦悩者正機」と受け取り喜び、同じような境遇の女性達にこの救いを届けてあげてほしい、又、再会できればこの私にも救いを説いてほしい、そのため貴方を本願寺に残すと言いたかったのでしょう。上人は、命を懸けた生母の言葉を受け、生母が喜んだ浄土真宗を懸命に学び、生母の照覧の下に教えを伝えて歩いたのです。命を懸けた生母の言葉が上人を回心させ、人生を導いたのです。

苦労した泥臭い身近な念仏を喜ぶ人の言葉に導かれることも浄土真宗の神髄です。特別な学者や師匠の教学伝承のみが回心をもたらすのが大乗仏教ではないのです。

③蓮如上人は「真宗興行の志し」を立つ

上人一五才の「真宗興行の志し」とは、どんな苦難があっても、生母が慶んだ浄土真宗を苦悩する弱者の人々に伝えるため生涯を懸けよう、生母と共にどんな苦難に落ちても本望だということです。この「真宗興行の志し」ですが、「真宗」という「救い」の「興行の志し」です。本願寺という寺や教団の興隆ではない！のです。

禁書説はこれを「本願寺興行の志し」つまり寺や教団規模拡大の立身出世の社会的成功を期する志しと誤解したのではないでしょうか。

④蓮如上人の望みは「一切の衆生の報土往生」

蓮如上人が晩年、

「われはわかき時よりいま八旬におよぶまでののぞみは、ただ一切の衆生弥陀をたのみ他力の信をとりて、報土往生あれかし、とばかりの念仏にて七十七歳ををくりたり、その外はさらに別ののぞみなし、と仰せありけり。（中略）。慶聞坊、さても先夜の御ありがたさとて、重ねがさね御讃嘆ありて、この御こころざしなればこそ、この御代には奥州蝦夷までもきこえ、繁盛ある御事、ただふしぎなり、とてまた皆々落涙ありけり」

と『空善記』二七条に言われ、流転輪廻の「一切の衆生」が報土往生の救いに出会って欲しいと、長い念仏の人生を一筋に歩んだとあります。それを聞いた慶聞坊達がそのお志しゆえ、教えが自分たちは勿論、遠く奥州や蝦夷にまで広がったと感謝の涙を流したのです。正に蓮如上人の言葉の真実性を実感したのです。

上人は「本願寺中興の祖」以上に「浄土真宗中興の祖」という讃嘆が相応しく感じます。上人の願いはピラミッド型の教団形成でなく、末法に苦しむ流転輪廻の万人の報土往生の救いなのです。

⑤蓮如上人「直参制」の採用

先ほどの「一切衆生　報土往生あれかし」に涙した「慶聞坊」は金森道西の甥で、上人が大谷本願寺で育てた御堂衆の慶聞坊龍玄で、上人の葬儀の導師を勤めた人物です。彼はわが身を振り返り、上人の言葉のまことを身をもって感じたのです。

そして、その叔父の道西は在地の村落の老（としより）の入道名（勧修寺村の道徳や赤尾の道宗も入道名）の人物で、惣道場の坊主でなく、道場の護持者の代表格です。

上人から『正信偈大意』を、又、寛正二年三月に最初の御文章を拝受しています。教団での「陪臣」的な地位の道西が上人との密接な関係を持ち得たのは、従来の師弟制や本末制以外の、多くの者が阿弥陀如来や宗主に直ちに出会える「直参制」を上人が構築していたからと、金龍静『蓮如上人の風景』にあります。上人は救いを求める多くの人々に応じ、それが大きな結実に結びついたのです。最初から巨大集団の頂上に君臨することを望んだのではないのです。

⑥蓮如上人の世俗を超える子供達への導きの言葉

蓮如上人は子供の兼縁へ

「蓮如上人、兼縁に対せられ仰せられ候ふ。たとひ木の皮をきるいろめなりとも、なわびそ。ただ弥陀をたのむ一念をよろこぶべきよし仰せられ候ふ」

と、「木の皮を着るような貧しい身なりでも、絶対に悲しむな。弥陀をたのみ、往生を期する身を喜べ」と述べたと『蓮如上人御一代記聞書』第一〇九条にあります。

「兼縁」とは上人の第七男、蓮悟坊兼縁で、加賀二俣の本泉寺に入り、後、若松本泉寺を建立し一揆で活躍したが破れ、能登に逃れ隠居して慶光坊と称した人物です。これはその人自身が聞き書きしたものです。他人の誰もが知らない親子の本音の対話です。

蓮如上人は極貧の中、長男以外の子を多く里子に出された。蓮縁もその一人です。その逆境を生きた忍耐強い彼が更に窮状を訴える悲惨な状況が想像されます。それに対して、蓮如上人自身が生母の言葉を道標べに、信心の喜びで「真宗興行の志し」を貫かれた、その本音で応えられたのです。

その父の言葉を受け取り、その後も凄まじい困難に身命を掛けた蓮縁です。「大いなる光の中の二人がイメージされるばかり」と岡西法英『私釈　蓮如上人御一代記聞書』に評していますが、世俗の成功を願うのとは全く次元が違う、蓮如上人の人生観が噴出した記録です。

それ故、引退時の「功なり名とげてしりぞくは天の道とあり」は、子や弟子衆目の中で、今更「生母に導かれた」とも言えず、はにかみを隠した言葉と思えるのです。

⑦教え独占を超える「御文章の発布」と聖教の公開

上人は四七才寛正二年（一四六一）三月、道西に初の御文章を書きます。正月二月で洛中に八万二千人の遺体があふれ、日本の三分の二以上の人が亡くなったであろう大飢饉です。末法出現です。しかも、この年は親鸞聖人二百回大遠忌で、上人は自身の歴史的使命を強く意識され、文字通り身命をかけて伝道に立ち上がられたのです。六才の時生き別れた生母を眼前の困窮者の中に見て、弱者に救いを伝えたいという強烈な思いが噴出したのでしょう。上人の伝道への決断は損得を超えています。そして、上人は生涯三百通前後の書簡『御文章』を僧俗の人々へ発布し続けます。

更に、文明五年（一四七三）三月五九才時『正信偈・和讃』四帖一部を開版します。建造物は戦乱で焼失します。焼失せぬ信心の喜びを人々に残そうと思われたのです。真宗教団で、恐らく仏教教団でも最初の大衆向け聖教の大量出版で、還暦の遺産です。

このように上人は聖教類の公開を重視し、善知識の専有物から解放し、人々が直ちに阿弥陀如来・親鸞聖人に出会える道を開いたのです。それまでの宗教指導者は相伝聖教類の書写の授与権と悔返（くいかえし）権によって弟子達を統制・掌握していたのに対して、上人は聖教は公開されるべきという強烈な認識を持ち実行されたと、金龍静『同書』にあります。

⑧「親鸞聖人の御門徒」観と「平座」の実践

上人は念仏者を「門徒」でなく、「御門徒」と言われています。親鸞聖人から預かった「如来聖人の門徒」である故に「御」を付けられたのです。念仏者は、宗主蓮如や寺や道場の所有物ではなく、「開山聖人の御門徒」であり「開山聖人の一大事の御客人と申は、御門徒衆のことなり」と『実悟旧記』第二三〇条・第二三二条にあり、「御」を付け、「かしづきて」対応されたのです。

又、上人は「御同行御同朋」の精神である「同座」を実行されました。『御一代記聞書』第四〇条にあるように、

「身をすてておのおのと同座するをば、聖人の仰せにも、四海の信心の人はみな兄弟と仰せられたれば、われもその御ことばのごとくなり。また同座をもしてあ

らば、不審なることをも問へかし、信をよくとれかしとねがふばかりなり」と同座で念仏を勧められたのです。君臨する宗主像を目的にされていないのです。

尚、「同座」のあり方ですが、『実悟旧記』第四三条に

「昔は東山に御座候時より、御亭は上段御入候と各物語候。蓮如上人御時、上段をさげられ下段と同物にさせられ候。」

と、蓮如上人が「御亭」を平座にしたとあります。本堂の上下檀は『同』第一二条に

「御堂の上檀と下檀との間のやらいは証如前住の御時より出来候。実如の御代まではなき事候。御用心とてさせられ候。」

と、「やらい」設置の状況説明の中、上下檀は当初から蓮如上人や実如代まであったと記録されており、更には現在まで儀式上、存続していると思われます。

⑨「真宗興行の志し」実践の第一は真宗聖教の授与

蓮如上人は四三才で本願寺第八代宗主になられましたが、真宗興隆の実践の第一は聖教の書写と伝授でした。現在、分かるだけでも、上人の書写伝授は僧侶中心に『教

行信証』『愚禿鈔』『六要鈔』等の大部な漢文聖教、『教行信証述べ書き』『口伝鈔』『御伝鈔』等の和語聖教、大小合わせて五十数点に及びます。

上人は「真宗興行の志し」の第一番に、先ず、浄土真宗の正意が記された聖教の書写伝授に重点をおかれたのです。これらは伝授用と自習用と二部書写されたでしょう、大変な集中と根気、精魂傾けた行動です。又、僧俗に教義的要素を含んだ書簡を三百通以上も出されています。この努力は教団の規模拡大とか門徒の確保とかを超えています。

⑩蓮如上人の「一宗繁昌」とは「一人の獲信」

蓮如上人に「一人なりとも人の　信を取るが、一宗の繁昌に候」と『実悟旧記』五六条にあります。これは一人一人を大切に、その人の人生と心に向き合ってご法義を伝えられたことを示しています。聖教伝授と同じく、私どもが気づきにくい「一宗繁昌」の地道な実践の積み重ねです。私共は一宗の繁昌を規模の拡大と思いますが、上人は違うのです。

かくして、蓮如上人の人間性に言及してきました。「蓮如上人は回心もなく、貧しい大谷本願寺を大きなピラミッド型教団に築こうとした野心家」「純粋な同朋教団を願った第六条のある『歎異抄』は邪魔だった」という『歎異抄』禁書説一二へ反論しました。

この禁書説は上人の地道な努力が大きな念仏伝播の果実をもたらしたことを、逆に結果から評論して、「真宗興行の志し」を「本願寺興行の立志」と受け取るなど誤解し、上人の人格を野心家と決めつけているように感じます。

以上、一つ一つ『歎異抄』禁書説に反論しました。禁書の事実も、その論理も該当しないこと、蓮如上人が『歎異抄』を解き放った大功労者と理解頂けましたら幸いです。

第一五章　『歎異抄』禁書説への対応

以上を受けて、私ども僧侶はどういう行動を取るべきでしょうか。この問題は根が深く全体の説明は大変です。又、一度の説明では、その関連を理解をすることができにくいでしょう。だからといって放置すればよいというものでもありません。禁書説は必ず、その拡大によってマグマのように力を貯め、人々に浄土真宗教団への不審を増大させ、教団の僧侶師資相承の中心を揺るがせるでしょう。今、断ち切っておくべきと思います。

第一節　端的な禁書説の否定

先ず、ご門徒一般へは理屈でなく、端的に禁書説を否定することが大事です。

一つには、『歎異抄』禁書の歴史的事実はないこと、覚如・蓮如の両上人は「親鸞は弟子一人ももたず」を著述で何度も紹介されており、全くの誤解であると強調して、禁書の風評を端的に否定する。

二つには、覚如上人は唯円を「唯円大徳」と讃え、『歎異抄』原本を「当流の気味を添える」書物と感謝していることを端的に強調する。

三つには、覚如上人は私信『歎異抄』の受託者であり、蓮如上人は私信を確保し『歎異抄』へと聖教化し、それを解き放った方と述べ、お二人が『歎異抄』流布の最大功労者であることを端的に周知させる。

四つには、親鸞聖人の出家動機「興法の因うちにきざし、利生の縁ほかにもよほし」を紹介し、「親鸞」は「大乗菩薩道の師匠名」と端的に強調する。

・現在の親鸞聖人の強烈なイメージ、「御同朋御同行」として、私のそばにいて下さる謙虚な念仏者像は広範に広がっている。「如来聖人」を強調しつつ、それに反論しない。又、反論する必要もありません。

五つには、伴侶である恵信尼の実感『恵信尼消息』の「聖人本地観世音菩薩」つまり「浄土から来生」した「如来聖人」であることを端的に強調する。

第二節　共に学び、讃えるべきは讃える

次に僧侶として地道に『歎異抄』と向き合い、僧侶仲間と共に学びを深めたい。

一つには、『歎異抄』を学ぶ時、常に、蓮如上人の御指南と『慕帰絵』並びに唯円覚如上人叔父説を考慮し、既存の解説との差異を明瞭に認識したい。

二つには、『歎異抄』第六条解釈の時、必ず『口伝鈔』第六条を参照し、『歎異抄』第六条が「僧侶の師資相承を骨格とする正意の念仏教団形成論拠」であることと、「教団形成の縦糸用の条文」であると確認したい。

三つには、『御伝鈔』を繰り返し読み、聖人の出家動機や、『歎異抄』からの継承である「浄土より来生」「浄土へ往生」混然一体の親鸞聖人像を讃えたい。

四つには、大乗仏教の教団ゆえに、正意を護る御門主、僧侶の重要性を確かめたい。

五つには最澄大乗戒戒壇勅許を仲介した日野家の宗教的精神性の高さを尋ね、同家並びに聖人が天皇家と共に日本全体、更には末法の全世界の救いを願った歴史を明確にしたい。

第三節 地道な勉学と僧侶研修会

しかし、親鸞聖人は御同朋御同行として私のそばにいて下さる謙虚な念仏者という認識と、『歎異抄』禁書説は同じ根をもっているので、禁書説の払拭は大変困難です。禁書説は重大な誤解であると強く自身に言い聞かせ、地道に僧侶間で研修して頂き、『歎異抄』禁書説に反論できる納得できる理論を僧侶集団全体で修得することが大事でしょう。そして大乗仏教の正意を継承する親鸞聖人以来の僧侶の師資相承に連なることを自覚し、「願はくはこの功徳をもって平等に一切に施し、同じく菩提心を発して不安と苦悩をこえた安楽園に往き生れよう！」の回向句の心で念仏をひろげたいものです。

第四節 御門徒の皆さんと学ぶ

そして、僧侶としての責任を自覚する中に、順次、御門徒さまとの『歎異抄』勉強会で、禁書説は誤解の産物と押さえ、覚如・蓮如両上人のお徳を感謝の中に確かめつつ『歎異抄』の味わいを深め、讃えて頂きたいものです。

尚、聖人の仏徳を讃えるのはご門徒様への法話での席上が適当であり、最初の禁書説打破や覚如・蓮如上人顕彰は、僧侶間の勉強会の時が良いでしょう。

以下、浄土真宗の僧侶としてご門徒様に慎重でありたい言葉と、使いたい言葉をいくつか表にしておきます。言葉づかいは聞いた人の心境に大きな働きをもちます。僧侶としてご門徒様にお話をされる何かの参考になればと存じます。

＊慎重でありたい言葉＊	＊使いたい言葉＊
「親鸞聖人」を一僧侶が言及する時の敬称省略	・一人称のご自身の自名やお言葉は「」に入れて、そのままご紹介。 ・法話や連研や研修会や寺報での言及は「親鸞聖人、如来聖人、聖人、宗祖、ご開山、ご開山聖人」などで常に敬意を表出する。敬称省略や「さん」はあってはならない。 ・論文の時は、敬称省略をあらかじめ述べる。 ・僧侶研修会は狎れやすいので、会話でも絶対に敬称省略しない。

2	日野家は弱小の没落貴族であった。	・日野家は、天皇家と共に歩んだ日本全体の幸せを祈念する宗教的根源的立場にあり、同家にはその誇りが継承されていた。
3	＊＊年、誕生された。生まれられた。	・年号は「和暦」か「西暦と和暦の併用」。 ・ご降誕された。
		・浄土よりご来生下さった。
4	社会的不利な状況や家庭的不幸が重なって出家された。	・親鸞聖人は末法の苦悩の世界を救うためにご出家された。 ・「興法の因うちにきざし　利生の縁ほかにもよおし」て、つまり、仏法を興したい、苦悩の人々を救いたい一心で出家された。
5	聖人は修行の限界を感じ弱さに負けて下山された。	・選ばれた少数者のみが救われるのでなく、自分も含める万人が救われる大道を求めて下山された。
6	親鸞聖人は法然上人に出会って、救われた。	・親鸞聖人は法然上人と邂逅され、その導きによって自分を含む万人の救われる阿弥陀仏の御本願に出会われた。

7	親鸞聖人は、生涯、法然上人の弟子の立場であった。	・親鸞聖人は法然聖人逝去後の末法無仏の世に大乗菩薩道の師匠として立たれた。しかし、生涯、その弟子の自覚と感謝を持ち続けられた。
8	聖人は教団をつくる気がなかった。	・親鸞聖人は万人が救われる大乗仏教の念仏教団を形成しようと命がけで伝道された。
9	親鸞聖人は師匠の立場を降りられた。	・親鸞聖人は大乗菩薩道の師匠の立場を堅持、僧侶に正意を伝授しつつ、弟子自専の高みを降りられた。そして、念仏者を仏弟子、無碍の一道を歩む御同朋御同行と敬意をもって接して下さった。
10	浄土真宗教団は在家仏教教団、同朋教団である。	・浄土真宗教団は念仏によって出家在家、国、民俗、階位、宗教、思想を問わず万人が救われる大乗仏教教団です。 ・浄土真宗教団は宗祖親鸞聖人に師資相承する僧侶を骨格に、念仏者が集う同朋教団です。

<table>
<tr><td>11</td><td>親鸞聖人は「愚禿」と名告られた謙虚な方です。</td><td>・親鸞聖人は阿弥陀さまの御前で「愚禿」と頭を下げられた。そして僧侶には「親鸞」と名告り、大乗菩薩道の師匠として大乗仏教の正意を伝授下さり、多くの人々には共に浄土へ往き生れようと呼びかけられた方です。</td></tr>
<tr><td>12</td><td>親鸞聖人は私ども民衆の味方です。</td><td>・親鸞聖人は私を始めにして万人の救いを開いて下さった方です。
・親鸞聖人は国、民族、言語、宗教の違いを超え、国王から無名の庶民に到るまで、あらゆる流転輪廻する人々の救いを願われた方です。
・親鸞聖人は、迷い苦悩し流転輪廻の私の側に常にいて、浄土へ導き、共に歩いて下さる方です。</td></tr>
<tr><td>13</td><td>『歎異抄』は多くの異義を歎ずる聖教です。</td><td>・『歎異抄』は多くの異義を歎じて正意を開顕する聖教ですが、その真意と原形は聖人嫡男善鸞の異義に対抗して、正意の教団興隆を依頼する、唯円の、義理の甥覚如上人への私信でした。</td></tr>
</table>

14	『歎異抄』第六条は教団否定の条文である。	・『歎異抄』第六条は僧侶の「師の弟子自専の自戒」と「師恩を自覚する弟子」の本願の自然による念仏教団の形成論拠です。教団否定の全く逆です。 ・僧侶の師資相承を骨格とする念仏教団の縦系用の形成論拠です。
15	「親鸞は弟子一人ももたず」は「弟子をもたない」という言葉で、聖人は師になろうとは思ってもいず、師匠の立場を降りられた。	・親鸞聖人は大乗菩薩道の師匠として「親鸞」を自ら名告り、大乗菩薩道の弟子を教導された。この言葉は弟子自専を自戒された言葉です。つまり、師匠の立場を堅持しつつ、「親鸞の個人的所有物のような弟子はもたない」という弟子自専の高みを降りられた言葉です。
16	聖人は浄土へ往生された。	・親鸞聖人は浄土へ還帰された。 ・親鸞聖人は浄土へ帰られた。ですが、常に私どもを導くためにお念仏の「南無阿弥陀仏」の中に還って来て下さいます。

17	覚如は唯円や『歎異抄』を忌避、隠蔽した。	・覚如上人は唯円大徳委託の私信の受託者です。覚如上人はこの無題の私信・『歎異抄』を「法文」と呼び、本願寺を創立し、私信の内容を取り込んだ聖教を著述し、僧侶を育成し、浄土真宗教団を興隆されました。そのことを上人が常に感謝で語っていたと、弟子達が『慕帰絵詞』に記録しています。全く忌避、隠蔽されていません。
18	蓮如は唯円や『歎異抄』を忌避、禁書にした。	・蓮如上人は唯円や『歎異抄』については覚如上人路線を踏襲されています。そして、内容を書簡で公開されています。全く忌避、隠蔽されていません。
19	『歎異抄』蓮如奥書は禁書の指示です。	・蓮如上人『歎異抄』奥書は、私信を聖教にしたが、当流大事の聖教なので、必ず、教団中枢部の僧侶に慎重に伝授せよと解き放たれた、蓮如上人引退時の次期宗主実如への指示書きです。禁書の指示では全くありません。

20 本願寺教団は日野家が私物化した教団である。
・本願寺教団は、日野家親鸞聖人血縁者僧侶が、聖人が社会的創始者である大乗仏教を実証し、その正意継承を宣言したのに対して、それを信頼する僧俗の念仏者が聖人御真影を中心に集う大乗仏教の象徴的教団です。宗主は大乗仏教実証と正意継承と教団引導の責任を荷負して下さっているのです。

そして、できましたら、『歎異抄』テキストは僧侶研修会でも御門徒さんの勉強会でも、蓮如上人の御指南の表紙と奥書があるもの、序文と『愚秀』と蓮如上人奥書が漢文、本文平仮名、第一〇条と中序が連続した文体の蓮如本で学ばれることをお勧めしたいと思います。

結びに

上来、『歎異抄』禁書説は完全な誤解であり、覚如上人が私信の『歎異抄』受託者、蓮如上人が『歎異抄』を確保し聖教化し解き放った大功労者と論じてきました。

その基本的視点は『歎異抄』実物を見た蓮如上人御指南、著者唯円と直接対話した覚如上人伝記『慕帰絵詞』、唯円が覚如上人の義理の叔父であることです。それにしても、唯円が親鸞聖人近親者ゆえのすごさに驚嘆と感謝するばかりです。

そして、『歎異抄』は当初善鸞符術教団に対抗して、義理の甥覚如に正意の教団興隆を委託する親族間の私信の「法文」であったとその姿を明らかにしてきました。

その『歎異抄』原本には明確な目的があり、内容もそれに沿って理解する必要があります。特に「親鸞は弟子一人ももたず」が「師匠の弟子自専の自戒」を示し、「師の恩をも知るべき」の弟子の自覚喚起と一対となって、「僧侶の師資相承を骨格とする正意の念仏教団の形成論拠」を教示された聖人御自身の言葉で、覚如に宗主就任を要請する条文という押さえは大変重要です。

そして『歎異抄』原本は受託の覚如上人から「法文」と呼ばれ、蓮如上人まで聖教としての姿は表面に出ません。更に、唯円が目的を隠して善鸞の嫡男如信に仲介を依頼した深謀遠慮の数分割の書簡であり、それを、蓮如上人が編集して聖教化したので、真意も原形も直接には分かりません。この『歎異抄』を、蓮如上人が引退時、「当流大事の聖教と為」すので必ず慎重に公開するように第九代実如に書き置きの奥書をして解き放たれたのです。

この経緯が分からず解釈が左右し、その極端が『歎異抄』禁書説です。覚如上人・蓮如上人の「親鸞は弟子一人ももたず」の紹介事実に気付かず、両上人がこれが邪魔故に禁書にしたと主張しているのです。私どもは、冷静に歴史的事実なども確かめ、禁書説が全くの誤解であることを確認したいものです。

多くの『歎異抄』解釈は、蓮如上人御指南「歎異抄一通　蓮如之」を素通りし、第六条が親鸞聖人が師匠の立場を降りて御同朋御同行の友となって下さった素晴らしい言葉だという強い思い込みに陥っているようです。そして、「親鸞」を単なる名前と見て身近な「友」と感じ、僧侶の師資相承の重要性を教示する聖人の教団形成の縦糸用の言葉を、御同朋御同行の弟子同士の横糸用の言葉に受けとったのです。そして、念仏者が有縁の者に法縁を結び万人が救われゆく「大乗仏教」実証の重大な責任を果たした聖人血縁者の覚如・蓮如両上人への不審を逆に募らせたのです。

謙虚な親鸞聖人像は一般念仏者に親しみを与え、水平方向の念仏伝播に大きな力を与えました。一方、師匠像や如来聖人像や僧侶の師資相承の重要性が希薄化し、教団は解体や団子状態となり、『歎異抄』禁書説を生み、大きな陰が生じました。

今回の拙著は「僧侶向け解説」です。教団を思い、両上人のご功績を明らかにしたいという一住職の思いから書きました。僧侶の私共は、万人が救われる大乗仏教・浄土真宗の正意を象徴的に実証する門主制の本願寺教団所属に絶大な誇りと感謝をもち、念仏の教えと救いの喜びを広く世界へ伝えたいものです。

南無阿弥陀仏

資料篇

資料篇 一

『歎異抄』原本の「法文」(唯円)を編集・聖教化した蓮如本

一—一 『歎異抄』蓮如本(龍谷山本願寺蔵)

(参考 『浄土真宗聖典全書』二宗祖篇上一〇五三頁以下
『浄土真宗聖典(註釈版)』(以下『註釈版』)八二九頁以下)

龍谷山本願寺蔵『歎異抄』蓮如本(巻子本上・下、原文片仮名)

歎異抄 上

歎異抄一通 蓮如之

歎異抄

竊廻二愚案一粗勘二古今一歎レ異二先師口伝之真信一思レ有二後学相続之疑惑一幸不レ依二有縁知識一者争得レ入二易行一門一哉全以二自見之覚語一莫レ乱二他力之宗旨一仍故親鸞聖人御物語之趣所レ留二耳底一聊注レ之偏為レ散二同心行者之不審一也云々

一

一 弥陀の誓願不思議に たすけられ まひらせて 往生をは とくるなりと 信して 念仏まふさんと おもひ たつ こゝろのおこるとき すなはち 摂取不捨の 利益に あつけしめ たまふなり 弥陀の本願には 老少善悪のひとを えらはれす たゝ信心を要とすと しるへし そのゆへは 罪悪深重煩悩熾盛の 衆生を たすけんか

ための　願にまします　しかれは　本願を信せんには他の善も　要(えう)にあらす　念仏にまさるへき善なきゆへに　悪をもおそるへからす　弥陀の本願を　さまたくるほとの　悪なきゆへにと云々

二

一　おの〳〵の十余け国の　さかひをこえて身命をかへりみすして　たつねきたらしめたまふ　御こゝろさし　ひとへに　往生極楽のみちをとひ　きかんかためなり　しかるに念仏よりほかに　往生のみちをも存知し　また法文等をも　しりたるらんと　こゝろにく〳〵　おほしめして　おはしましてはんへらんは　おほきなるあやまりなり　もししからは　南都北嶺にも　ゆゝしき学生たち　おほく座せられて　さふらうなれは　かのひとにも　あひたてまつりて往生の要　よく〳〵きかるへきなり　親鸞におきては　たゝ念仏して　弥陀にたすけられ　まひらすへしとよきひとの　おほせをかふりて　信するほかに　別の子細なきなり　念仏は　まことに浄土にむまるゝたねにてやはんへらん　また地獄におつへき業にてや　はんへるらん　総してもて　存知せさるなり　たとひ法然聖人に　すかされ　まひらせて　念仏して　地獄におちたりとも　さらに　後悔すへらかすさふらう　そのゆへは　自余の行も　はけみて　仏になるへかりける身(み)か　念仏をまふして　地獄にもおちて　さふらはゝこそすかされ　たてまつりてといふ　後悔もさふらはめ　いつれの行も　およひかたき　身なれはとても地獄は　一定　すみかそかし弥陀の本願　まことにおはしまさは　釈尊の説教虚言なるへからす　仏説まことにおはしまさは　善導の御釈虚言したまふ

へからす　善導の御釈　まことならは　法然のおほせ　そらことならんや　法然のおほせ　まことならは　親鸞か　まふすむね　またもて　むなしかるへからす　さふらう歟　詮するところ愚身の信心におきては　かくのことし　このうへは　念仏をとりて　信したてまつらんとも　また　すてんとも　面々の御はからひなりと云々

三

一　善人なをもて　往生をとく　いはんや悪人をや　しかるを　世のひと　つねにいはく　悪人なを往生す　いかにいはんや善人をや　この条　一旦そのいはれ　あるににたれとも　本願他力の　意趣にそむけり　そのゆへは　自力作善のひとはひとへに　他力をたのむ　こゝろ　かけたるあひた　弥陀の本願にあらす　しかれとも　自力のこゝろをひるかへして　他力をたのみ　たてまつれは真実報土の　往生をとくるなり　煩悩具足のわれらはいつれの行にても　生死をはなるゝことあるへからさるを　あはれみたまひて願をおこしたまふ本意　悪人成仏のためなれは　他力をたのみ　たてまつる悪人　もとも往生の　正因なり　よて　善人たにこそ往生すれ　まして悪人はとおほせさふらひき

四

一　慈悲に　聖道浄土の　かはりめあり　聖道の慈悲といふは　ものをあはれみかなしみ　はくゝむなり　しかれとも　おもふかことく　たすけとくることきはめて　ありかたし　浄土の慈悲といふは　念仏していそき仏になりて　大慈大悲心を

もて　おもふかことく　衆生を利益するをいふへきなり　今生に　いかにいとをし　不便とおもふとも存知のことく　たすけかたけれは　この慈悲始終なし　しかれは念仏まふすのみそ　すえとをりたる　大慈悲心にて　さふらうへきと云々

五

一　親鸞は　父母の孝養の　ためとて　一返にても　念仏まふしたること　いまたさふらはす　そのゆへは　一切の有情は　みなもて世々生々の　父母兄弟なり　いつれも〳〵　この順次生に　仏になりて　たすけさふらうへきなり　わかちからにて　はけむ善にてもさふらは、こそ　念仏を廻向して　父母をもたすけさふらはめ　た、自力をすて、　いそきさとりを　ひらきなは　六道四生のあひたいつれの業苦に　しつめりとも　神通方便をもて　まつ有縁を　度すへきなりと云々

六

一　専修念仏の　ともからの　わか弟子ひとの弟子といふ　相論のさふらうらんこともてのほかの子細なり　親鸞は弟子一人も　もたすさふらう　そのゆへはわかはからひにて　ひとに念仏を　まふさせさふらは、こそ　弟子にてもさふらはめ　弥陀の御もよほしに　あつかて　念仏まふし　さふらうひとを　わか弟子と　まふすこと　きはめたる荒涼のことなり　つくへき縁あれは　ともなひ　はなるへき縁あれははなる、ことのあるをも　師をそむきて　ひとにつれて　念仏すれは　往生すへからさる　ものなりなんといふこと　不可説なり　如来より　たまはりたる信心を　わかもの

かほに　とりかへさんと　まふすにや　かへす〴〵
も　あるへからさることなり　自然のこと
はりに　あひかなは、　仏恩をもしり　また
師の恩をも　しるへきなりと云々

七

一　念仏者は　無碍の一道なり　そのいはれ
いかんとならは　信心の行者には　天神
地祇も敬伏し　魔界外道も　障
碍することなし　罪悪も　業報を感
すること　あたはす　諸善も　およふこと
なきゆへなりと云々

八

一　念仏は　行者のために　非行非善なり
わかはからひにて　行するにあらされは　非
行という　わかはからひにて　つくる善にも
あらされは　非善という　ひとへに　他力に
して　自力をはなれたるゆへに　行者のため
には　非行非善なりと云々

九

一　念仏まふし　さふらへとも　踊躍歓喜の
こゝろ　おろそかに　さふらふこと　またいそき
浄土へ　まひりたきこゝろの　さふらはぬは
いかにと　さふらうへき　ことにてさふらう
やらんと　まふしいれて　さふらひしかは
親鸞も　この不審ありつるに　唯圓
房　おなしこゝろにてありけり　よく〳〵
案しみれは　天におとり　地におとる
ほとによろこふへきことを　よろこはぬにて
いよ〳〵　往生は一定と　おもひたまふなり
よろこふへきこゝろを　おさへて　よろこはさるは
煩悩の所為なり　しかるに　仏　かねて

しろしめして　煩悩具足の凡夫と　おほせ
られたることなれは　他力の悲願は　かくの
ことし　われらか　ためなりけりと　しられて
いよ〱　たのもしく　おほゆるなり　また
浄土へ　いそきまひりたき　こゝろのなくて
いさゝか　所労のこともあれは　死なんする
やらんと　こゝろほそく　おほゆることも　煩悩の
所為なり　久遠劫より　いまゝて流
転せる　苦悩の旧里は　すてかたく
いまたむまれさる　安養浄土は　こひし
からす　さふらふこと　まことに　よく〱　煩
悩の興盛に　さふらうにこそ　なこりおしく
おもへとも　娑婆の縁つきて　ちから
なくしておはるときに　かの土へは　まひる
へきなり　いそきまひりたき　こゝろなき
ものを　ことに　あはれみ　たまふなり　これに
つけてこそ　いよ〱　大悲大願はたのも
しく　往生は決定と　存しさふらへ
踊躍歓喜の　こゝろもあり　いそき浄
土へも　まひりたく　さふらはんには　煩悩の
なきやらんと　あしくさふらひなましと云々

十

一　念仏には　無義をもて義とす　不可
称不可説　不可思議のゆへにと　おほせ
さふらひきそも〱　かの御在生のむかし　おな
しくこゝろさしをして　あゆみを　遼遠の
洛陽にはけまし　信をひとつにして
心を当来の報土に　かけしともからは
同時に　御意趣をうけたまはりしかとも
そのひと〱にともなひて　念仏まふさるゝ、
老若　そのかすをしらす　おはしますなかに
上人のおほせにあらさる　異義ともを
近来は　おほくおほせられ　あふてさふ
らうよし　つたへうけたまはる　いはれなき
条々の子細のこと

十一

一　一文不通の　ともからの　念仏まふすに
あふて　なんちは　誓願不思議を信
して　念仏まふすか　また　名号不思
議を　信するかと　いひおとろかして
ふたつの不思議を子細をも　分明に
いひひらかすして　ひとのこゝろを　まとはす
こと　この条　かへす〳〵も　こゝろをとゝめて
おもひわくへきことなり　誓願の不思議
によりて　やすくたもち　となへやすき
名号を案し　いたしたまひて　この名
字を　となへんものを　むかへとらんと　御
約束あることなれは　まつ弥陀の　大悲
大願の　不思議にたすけられまひらせて
生死をいつへしと信して　念仏のまふさ
るゝも　如来の御はからひなりと　おもへは
すこしも　みつからの　はからひましはらさるか
ゆへに　本願に相応して　実報土に
往生するなり　これは誓願の不思議を
むねと信したてまつれは　名号の不思議
も具足して　誓願名号の不思議
ひとつにしてさらに　ことなることなきなり
つきに　みつからの　はからひを　さしはさみて
善悪のふたつにつきて　往生のたすけ
さはり　二様（ふたやう）におもふは　誓願の不思
議をは　たのますして　わかこゝろに　往生の
業を　はけみてまふすところの念仏をも
自行になすなり　このひとは　名号の
不思議をも　また　信せさるなり　信せ
されとも　辺地懈慢　疑城胎宮にも
往生して　果遂の願のゆへに　つゐに
報土に生するは名号不思議の　ちからなり
これすなはち　誓願不思議のゆへなれはたゝ
ひとつなるへし

十二

一　経釈をよみ　学せさるともから　往生
不定のよしのこと　この条　すこふる
不足言の義と　いひつへし　他力真実
のむねを　あかせる　もろ〳〵の正教は　本願
を信し　念仏をまふさは　仏になる
そのほか　なにの学万かは　往生の要
なるへきや　まことにこのことはりに　まよへらん
ひとは　いかにも〳〵学問して　本願の
むねを　しるへきなり　経釈をよみ　学
すといへとも　聖教の本意をこゝろえ
さる条　もとも不便のことなり　一文
不通にして経釈のゆくちも　しら
さらんひとの　となへやすからんための名
号に　おはしますゆへに　易行といふ
学問をむねとするは　聖道門なり　難
行となつく　あやまて学問して　名聞
利養の　おもひに住するひと順次の
往生　いかゝあらんすらんといふ　証文も
さふらうへきや　当時専修念仏の
ひと、　聖道門のひと　法論をくわたて、
わか宗こそ　すくれたれ　ひとの宗は　おとり
なりと　いふほとに　法敵もいてきたり
謗法もおこる　これしかしなからみつから
わか法を破謗するにあらすや　たとひ　諸門
こそりて念仏は　かひなきひとの　ため
なりその宗あさし　いやしといふとも　さら
にあらそはすして　われらかくとく　下根
の凡夫　一文不通のもの、　信すれは
たすかるよし　うけたまはりて　信しさふ
らへは　さらに　上根のひとのためには　いや
しくともわれらかためには　最上の法
にてましますたとひ　自余の教法　すくれ
たりとも　みつからかためには　器量およは
されは　つとめかたし　われもひとも　生死を
はなれんことこそ　諸仏の御本意にて
おはしませは　御さまたけ　あるへからすとて
にくひ気せすは　たれのひとかありて
あたをなすへきや　かつは諍論のところ

にはもろ〳〵の煩悩おこる　智者遠離
すへきよしの　証文さふらふにこそ故
聖人のおほせには　この法をは　信する衆生もあり
そしる衆生もあるへしと　仏ときおかせ
たまひたる　ことなれは　われはすてに信し
たてまつる　またひとありて　そしるにて
仏説まことなりけりと　しられさふらう
しかれは　往生は　いよ〳〵一定とおもひ
たまふなり　あやまて　そしるひとのさふらは
さらんにこそ　いかに　信するひとはあれとも
そしるひとの　なきやらんとも　おほへさふらひぬ
へけれ　かくまふせはとて　かならす　ひとに
そしられんとにはあらす　仏のかねて　信
謗ともにあるへきむねを　しろしめして
ひとのうたかひを　あらせしとときおかせ
たまふことを　まふすなりとこそ　さふらひしか
いまの世には学文して　ひとのそしりを

十三
一　弥陀の本願不思議に　おはしませはとて

やめ　ひとへに談義問答むねと
せんと　かまへられ　さふらうにや　学問せは　いよ〳〵
如来の御本意をしり　悲願の広大
の　むねをも存知して　いやしからん身
にて　往生はいか、なんと　あやふまんひとにも
本願には善悪浄穢なき　おもむき
をも　とききかせられ　さふらはゝこそ学生
のかひにても　さふらはめたま〳〵　なに
こゝろもなく　本願に　相応して念仏する
ひとをも　学文してこそなんと　いひをと
さる、こと　法の魔障なり　仏の怨敵
なり　みつから　他力の信心　かくるのみ
ならす　あやまて　他をまよはさんとす　つゝ
しんて　おそるへし　先祖の御こゝろに　そむく
ことを　かねてあはれむへし
弥陀の本願に　あらさることを

悪をおそれさるはまた本願ほこりとて

往生かなふへからすと　いふこと　この条本
願をうたかふ　善悪の宿業を　こゝろえ
さるなり　よきこゝろのおこるも　宿善の
もよほすゆへなり　悪事のおもはれ　せらるゝ
も悪業のはからふゆへなり　故聖人の
おほせには　卯毛羊毛（うもうやうもう）の　さきにいる　ちり
はかりもつくるつみの　宿業にあらすと
いふことなしと　しるへしと　さふらひき
またあるとき　唯圓房は　わかいふことをは
信するかと　おほせの　さふらひしあひた　さん
さふらうと　まふしさふらひしかは　さらは
いはんこと　たかふましきかと　かさねて　おほせ
の　さふらひしあひた　つゝしんて　領状まふし
て　さふらひしかは　たとへは　ひと千人ころ
してんや　しからは　往生は一定すへしとおほせ
さふらひしとき　おほせにては　さふらへとも
一人も　この身の器量にては　ころしつ
へしとも　おほへすさふらうとまふして　さふらひ
しかは　さては　いかに親鸞か　いふことを　たかふ
ましきとは　いふそと　これにてしるへし　なに
こともこゝろに　まかせたる　ことならは往生の
ために　千人ころせといはんに　すなはち　ころす
へし　しかれとも　一人にてもかなひぬへき
業縁なきによりて　害せさるなり　わか
こゝろの　よくて　ころさぬにはあらす　また
害せしと　おもふとも　百人千人を
ころすことも　あるへしと　おほせのさふらひしかは
われらかこゝろの　よきをは　よしとおもひ　あしき
ことをは　あしとおもひて　願の不思議に
て　たすけたまふといふことを　しらさることを
おほせの　さふらひしなり　そのかみ　邪見に
おちたるひとあて　悪をつくりたるものを
たすけんといふ　願にてましませはとて
わさと　このみて　悪をつくりて　往生の業
と　すへきよしをいひて　やう〳〵に　あし
さまなることの　きこへさふらひしとき　御
消息に　くすりあれはとて　毒をこのむ
へからすと　あそはされて　さふらふは　かの邪
執を　やめんかためなり　またく　悪は往生の
さはりたるへしとにはあらす　持戒持律

にてのみ本願を信すへくは　われら　いか
てか　生死をはなるへきやと　か、るあさましき
身も本願にあひ　たてまつりてこそ　けに
ほこられさふらへ　されはとて　身にそなへさらん
悪業は　よもつくられ　さふらはしものをまた
うみかわに　あみをひき　つりをして世を
わたるものも　野やまに　し、をかりとりを
とりて　いのちをつくともからも　あきなゐをし
田畠をつくりて　すくるひともた、おなし
ことなりと　さるへき業縁の　もよほさは　いか
なるふるまひも　すへしとこそ　聖人はおほせ
さふらひしに　当時は後世者ふりして
よからんものはかり　念仏まふすへき　やうに
あるひは　道場にわりふみをして　なむ〳〵の
こと　したらん　ものをは　道場へいるへからす
なんと、いふことひとへに　賢善精進の
相を　ほかにしめしてうちには　虚仮をいた
けるものか　願にほこりて　つくらんつみも
宿業のもよほすゆへなり　されは　よきことも
あしきことも業報にさしまかせて　ひとへに
本願をたのみ　まひらすれはこそ　他力
にてはさふらへ唯信抄にも　弥陀いかはかり
の　ちからましますと　しりてか　罪業のみなれは
すくはれかたしと　おもふへきと　さふらうそかし
本願にほこるこ、ろの　あらんにつけてこそ
他力をたのむ　信心も決定しぬへきこと
にてさふらへ　おほよそ　悪業煩悩を　断し
つくしてのち本願を信せんのみそ　願に
ほこるおもひもなくて　よかるへきに煩悩を
断しなは　すなはち仏になり　仏のためには
五劫思惟の願その詮なくや　ましまさん
本願ほこりと　いましめらる、　ひと〳〵も　煩
悩不浄具足せられてこそ　さふらうけなれ
それは願ほこらる、に　あらすや　いかなる
悪を　本願ほこりといふ　いかなる悪か
ほこらぬにて　さふらうへきそや　かへりてこ、ろ
をさなきことか

十四

一　一念に　八十億劫の　重罪を滅すと　信すへしといふこと　この条は　十悪五逆の罪人　日ころ念仏を　まふさすして命終のとき　はしめて　善知識の　をしへにて一念まふせは　八十億劫のつみを滅し十念まふせは　十八十億劫の　重罪を滅して　往生すといへり　これは　十悪五逆の軽重を　しらせんかために　一念十念といへるか　滅罪の利益なり　いまた　われらか信するところに　およはす　そのゆへは　弥陀の光明に照らされ　まひらするゆへに　一念発起するとき　金剛の信心を　たまはりぬれはすてに　定聚のくらゐに　おさめしめたまひて命終すれは　もろ〳〵の　煩悩悪障を転して無生忍を　さとらしめ　たまふなり　この悲願ましまさすは　か丶るあさましき罪人いかてか生死を解脱すへきと　おもひて一生のあひた　まふすところの念仏は　みなこと〳〵く如来大悲の　恩を報し　徳を謝すとおもふへきなり　念仏まふさんことにつみをほろほさんと信せんは　すてにわれとつみをけして　往生せんと　はけむにてこそさふらうなれ　もし　しからは一生のあひたおもひとおもふこと　みな生死のきつなにあらさることなけれは　いのちつきんまて念仏退転せすして　往生すへし　た丶し　業報かきりあることなれは　いかなる不思議のことにもあひ　また病悩苦痛をせめて正念に住せすして　をはらん　念仏まふすことかたし　そのあひたの　つみをはいか丶して滅すへきや　つみきえされは　往生はかなふへからさるか　摂取不捨の願をたのみたてまつらは　いかなる　不思議ありて　罪業をおかし　念仏まふさすしてをはるとも　すみやかに往生をとくへし　また念仏の　まふされんも　た丶いまさとりを

ひらかんする期の　ちかつくにしたかひても
いよ〳〵弥陀をたのみ　御恩を報し
たてまつるにてこそ　さふらはめ　つみを滅

せんと　おもはんは　自力のこゝろにして　臨
終正念といのるひとの　本意なれは　他力の信心　なき
にて　さふらうなり

十五

一　煩悩具足の　身をもて　すてに　さとりを
ひらくと　いふこと　この条　もてのほかの
ことにさふらう　即身成仏は　真言
秘教の本意　三蜜行業の証果なり
六根清浄はまた法花一乗の所説
四安楽の行の感徳なりこれみな　難行
上根のつとめ　観念成就のさとりなり
来生の開覚は　他力浄土の宗旨信
心決定の通故なりこれまた　易行
下根のつとめ　不簡善悪の法なり　おほよそ
今生においては　煩悩悪障を　断せんこと
きはめて　ありかたきあひた　真言法花を
行する浄侶　なをもて　順次生のさとりを
いのる　いかにいはんや　戒行恵解　ともに
なしといへとも　弥陀の願船に乗して

生死の苦海をわたり　報土のきしに
つきぬるものならは煩悩の黒雲　はやく
はれ　法性の覚月　すみやかに　あらはれて
尽十方の　無碍の光明に　一味にして
一切の衆を　利益せんときにこそさとりに
ては　さふらへ　この身をもて　さとりをひら
くと　さふらうなるひとは　釈尊のことく
種々の応化の　身をも現し　三十二相
八十随形好をも具足して　説法利益
さふらうにや　これをこそ　今生に　さとりを
ひらく本とは　まふしさふらへ　和讃にいはく
金剛堅固の信心の　さたまるときをまち
えてそ　弥陀の心光摂護して　なかく生
死をへたてけるとは　さふらうは　信心の
さたまるときに　ひとたひ摂取して　すて

たまはされは　六道に輪廻すへからす　しかれは
なかく生死をは　へたてさふらうそかし　かくの
ことくしるを　さとるとは　いひまきらかす
へきや　あはれにさふらうをや　浄土真宗には
今生に本願を信して　かの土にして
さとりをは　ひらくと　ならひさふらうそとこそ
故聖人の　おほせには　さふらひしか

十六

一　信心の行者　自然にはらをもたて　あしさまなる
ことをもをかし　同朋(とうほう)同侶にもあひて
口論をもしては　かならす　廻心すへしといふ
こと　この条　断悪修善のこゝちか
一向専修のひとにおいては　廻心といふことたゝ
ひとたびあるへし　その廻心は　日ころ本願
他力真宗を　しらさるひと　弥陀の智
慧を　たまはりて　日ころのこゝろにては　往生
かなふへからすと　おもひて　もとのこゝろを　ひき
かへて　本願をたのみ　まひらするをこそ
廻心とは　まふしさふらへ　一切の事(し)に　あした
ゆふへに　廻心して　往生をとけ　さふらうへくは
ひとのいのちは　いつるいき　いるほとを
またすして　をはることなれは　廻心もせす
柔和(にうわ)忍辱のおもひにも　住せさらんさきに
いのちつきは　摂取不捨の誓願はむなしく
ならせ　おはしますへきにや　くちには　願力を
たのみたてまつるといひて　こゝろには　さこそ
悪人を　たすけんといふ願　不思議に
ましますと　いふとも　さすか　よからんものを
こそ　たすけたまはんすれと　おもふほとに　願
力をうたかひ　他力をたのみまひらする
こゝろかけて　辺地の生を　うけんこと　もとも
なけきおもひ　たまふへきことなり　信心さた
まりなは　往生は　弥陀にはからはれ　まひら
せて　することなれは　わかはからひ　なるへからす
わろからんに　つけても　いよ〳〵　願力をあをき
まひらせは　自然のことはりにて　柔和忍

辱の　こゝろもいてくへし　すへて　よろつのことにつけて　往生には　かしこきおもひを　具せすして　たゝほれ〳〵と　弥陀の御恩の深重なること　つねはおもひいたしまひらすへし　しかれは念仏もまふされ　さふらう　これ自然なりわかはからはさるを　自然とまふすなり　これすなはち　他力にてまします　しかるを自然といふことの　別にあるやうに　われものしりかほに　いふひとの　さふらうよしうけたまはる　あさましく　さふらう

十七

一　辺地往生を　とくるひと　つゐには　地獄におつへしと　いふこと　この条　なにの証文に　みへさふらうそや　学生たつる　ひとのなかにいひいたさるゝ　ことにて　さふらうなるこそあさましくさふらへ　経論正教をば　いかやうに　みなされて　さふらうらん　信心かけたる行者は　本願をうたかふに　よりて　辺地に生して　うたかひのつみを　つくのひてのち報土のさとりを　ひらくとこそ　うけたまはりさふらへ　信心の行者　すくなきゆへに化土におほく　すゝめいれられ　さふらふを　つゐにむなしく　なるへしと　さふらふなるこそ　如来に虚妄をまふしつけ　まひらせられ　さふらふなれ

十八

一　仏法のかたに　施入物の　多少にしたかて大小仏に　なるへしといふこと　この条不可説なり々々　比興のことなり　まつ仏に大小の分量を　さためんこと　あるへからすさふらうか　かの安養浄土の教主の　御身量をとかれて　さふらうも　それは　方便報身の　かたちなり　法性のさとりをひらひて長短方円の　かたちにもあらす　青黄

赤白黒の　いろをもはなれなは　なにをもてか
大小をさたむへきや　念仏まふすに　化仏を
みたてまつると　いふことの　さふらうなるこそ
大念（たいねむ）には大仏をみ　小念には小仏を
みるといへるか　もしこのことはりなんとに
はしひきかけられさふらうやらん　かつはまた
檀波羅蜜の行とも　いひつへし　いかに
たからものを　仏前にもなけ　師匠にも
ほとこすとも　信心かけなは　その詮なし
一紙半銭も　仏法のかたにいれすとも
他力にこゝろをなけて　信心ふかくは　それこそ
願の本意にて　さふらはめ　すへて　仏法に
ことをよせて　世間の欲心もあるゆへに
同朋（ほう）をいひをとさるゝにや

右条々は　みなもて　信心のことなるより
ことおこり　さふらうか　故聖人の御もの
かたりに　法然聖人の御とき　御弟子
そのかすおはしけるなかに　おなしく御
信心のひともすくなく　おはしけるにこそ
親鸞御同朋の　御なかにして　御相
論のこと　さふらひけり　そのゆへは　善信
か信心も　聖人の御信心も　ひとつなりと
おほせのさふらひけれは　勢観房　念仏房
なんと　まふす御同朋達　もてのほかに
あらそひたまひて　いかてか　聖人の
御信心に　善信房の信心　ひとつには
あるへきそと　さふらひけれは　聖人の御
智慧才覚　ひろくおはしますに　一（ひとつ）ならんと
まふさはこそ　ひかことならめ
往生の信心においては　またくことなること
なし　たゝひとつなりと　御返答ありけれ
とも　なをいかてかその　義あらんといふ
疑難ありけれは　詮（せん）するところ　聖人の
御まへにて自他の是非を　さたむへきにて
この子細をまふしあけけれは　法然聖人の
おほせには源空か信心も　如来より
たまはりたる信心なり　善信房の信心も
如来よりたまはらせ　たまひたる信心なり

されはたゝひとつなり別の信心にて
おはしまさんひとは　源空かまひらんする　浄
土へは　よもまひらせ　たまひさふらふはしと　おほせ
さふらひしかは当時の一向専修の　ひと〳〵
のなかにも　親鸞の御信心に　ひとつならぬ
御こともさふらうらんと　おほえさふらう
いつれも〳〵くりことにて　さふらへとも
かきつけさふらうなり　露命わつかに
枯草（こさう）（かれたるくさ）の身（み）にかゝりてさふらうほとにこそ
あひともなはしめ　たまふひと〳〵　御不審
をも　うけたまはり　聖人のおほせの　さふ
らひしおもむきをもまふしきかせ　まひらせ
さふらへとも　閉眼ののちはさこそ　しとけ
なき　こととも にて　さふらはんすらめと
なけき存しさふらひて　かくのことく
の義とも　おほせられ　あひさふらう　ひと〳〵
にも　いひまよはされなんと　せらるゝことの
さふらはんときは故聖人の御こゝろに　あひ
かなひて　御（こ）もちゐさふらう　御聖教
ともを　よく〳〵　御らんさふらうへし　おほよそ

聖教には　真実権仮ともに　あひましはり
さふらうなり　権をすてゝ実をとり
仮をさしおきて　真をもちゐるこそ　聖人
の御本意にて　さふらへ　かまへて〳〵
聖教をみみたらせ　たまふましく　さふらう
大切の証文とも　少々ぬきいて　まひ
らせさふらうて　目（め）やすにして　この書に
そえまひらせて　さふらうなり　聖人の
つねのおほせには　弥陀の五劫思惟の願を
よく〳〵案すれは　ひとへに　親鸞一人か
ためなりけり　されは　それほとの業を　もち
ける身にて　ありけるを　たすけんと　おほし
めしたちける　本願のかたしけなさよと
御述懐さふらひしことを　いままた案
するに　善導の自身は　これ現に罪悪
生死の凡夫　曠劫よりこのかた　つねに
しつみ　つねに流転して　出離の縁　ある
ことなき　身としれといふ金言（きんけん）に　すこ
しも　たかはせ　おはしまさす　されは　かたしけ
なく　わか御身に　ひきかけて　われらか

身の罪悪の　ふかきほとをもしらす如来の御恩の　たかきことをも　しらすしてまよへるを　おもひしらせんか　ためにて　さふらひけり　まことに如来の御恩と　いふことをは　さたなくしてわれもひとも　よしあしといふことをのみ　まふしあへり　聖人のおほせには　善悪のふたつ　総してもて　存知せさるなり　そのゆへは　如来の御こゝろに　よしとおほしめすほとに　しりとをしたらはこそ　よきをしりたるにてもあらめ　如来のあしとおほしめすほとに　しりとほしたらはこそあしさを　しりたるにてもあらめと　煩悩具足の凡夫火宅無常の世界はよろつのこと　みなもて　そらこと　たはことまことあることなきに　たゝ念仏のみそまことにて　おはしますとこそ　おほせは　さふらひしか　まことに　われもひとも　そらことをのみまふしあひ　さふらふなかに　ひとつ　いたましきことの　さふらうなり　そのゆへは　念仏まふすについて　信心のおもむくをも　たかひに問答し　ひとにも　いひきかするとき　ひとのくちをふさき　相論をたゝんかために　またく　おほせにてなきことをも　おほせとのみ　まふすことあさましく　なけき存し　さふらうなりこのむねを　よく／＼　おもひとき　こゝろえらるへき　ことにさふらうこれさらに　わたくしのことはに　あらすといへとも　経釈のゆくりもしらす　法文の浅深を　こゝろえわけたることもさふらはねは　さためて　おかしきことにてこそさふらはめとも　古親鸞の　おほせこと　さふらひし　おもむき　百分か一(ひとつ)　かたはしはかりをも　おもひいてまひらせて　かきつけさふらうなり　かなしきかなや　さひはひに　念仏しなから　直に報土にむまれすして　辺地にやとをとらんこと　一室の行者のなかに信心ことなること　なからんために　なく／＼ふてをそめてこれをしるす　なつけて歎異抄と　いふへし　外見あるへからす

後鳥羽院之御宇法然聖人他力本
願念仏宗を興行す　于時興福寺
僧侶敵奏之上御弟子中狼籍
子細あるよし無実風聞によりて
罪科に処せらる、人数事
一　法然聖人并御弟子七人流罪
又御弟子四人死罪におこなはる、なり　聖人は
土佐国番多といふ所へ流罪々名
藤井元彦男云々　生年七十六歳なり
親鸞は越後国罪名藤井善信云々
生年三十五歳なり
浄聞房　備後国　澄西禅光房　伯耆国
好覚房　伊豆国　行空法本房　佐渡国
幸西成覚房善恵房二人同遠流に
さたまる　しかるに無動寺之善題大僧正
これを申あつかると云々
遠流之人々已上八人なりと云々
被レ行二死罪一人々
一番　西意善綽房
二番　性願房
三番　住蓮房
四番　安楽房
二位法印尊長之沙汰也
親鸞改メテ二僧儀ヲ一賜タマフ二俗名ヲ一仍テ非スレ僧ニ非スレ俗ニ
然間タ以テ二禿ノ字ヲ一為シテレ姓ト被レレ経ヘ二奏聞ヲ一了
彼ノ御申シ状干レ今外記庁ニ納ルト云々
流罪以後愚禿親鸞令シメレ書給也

右斯聖教者為当流大事聖教也
於無宿善機無左右不可許之者也

釈蓮如　花押

資料篇 二

唯円の「法文」（『歎異抄』原本）と善鸞「符術」に関わる覚如伝記の資料

二―一　『慕帰絵詞』（従覚）第三巻第三段「如信と唯円、の覚如への相伝」

（『浄土真宗聖典全書』四相伝篇上三八一頁）

慕歸繪第三巻

第三段

奈良より偸閑に退出の事ありしついでにおもふ様、たとひ本寺の交衆は抛がたくとも、出離の要道にをいて望を斷ぬ。をのれが限量あゆみをうしなへばなり。西方の欣求はたのむにたれり、底下の凡夫にいたるまで愚をすてず。ねがふらくは南無にたよりあればなり。但わが法相宗は五性各別の義をたて、諸法性相の釋をむねとして決判きびしき家をや。おほかた名を法相宗にかけながら、肩を浄土門にいれんとす。交衆のため外聞時宜いかゞなどためらひおぼゆるに、且はまづ例證を外にもとむべからず。宗家には千部の論師といはれたまふ世親菩薩すら、もはら無㝵光に歸命して安樂國に願生すとこそつたへうけたまはれ。ましてやいはん、我等凡夫おもへば出離のはかりごとにはこれこそ所愛の法なれ。機教覆載し、函蓋相順して加様におもひ萌もしかるべき宿縁か。いまきく、他門にもあらで自宗にをいてまぢかきためしあるかな。さしも明匠といはれし三藏院範憲僧正すら、彌陀をたのみて晝夜に稱名を專にし、朝夕に數遍を勵けりと云々。かしこかりけり、所詮外相の進退によるべからず、内心の工案こそあらまほしけれとて、弘安十年春秋十八といふ十一月なかの九日の夜、東山の如信上人と申し賢哲にあひて釋迦・彌陀の教行を面受し、他力攝生の信證を口傳す。所謂血脈は叡山黑谷源空聖人、本願寺親鸞聖人二代の嫡資なり。本願寺祖師先德、俗姓は日野宮司啓令有範の息男、眞諦は山門青蓮院慈鎭和尙の御弟子なれば、たゞ淨土一宗をきはめたまふのみにあらず、本宗は又御師範黑谷の先蹤に相同く一家天台の源底をうかゞひ、上乘祕密の門流をも酌たまひけり。しかれば、眞につけてもやむごとなく、俗につけてもいやしからざる事をや委見于彼別傳。將又、安心をとり侍るうへにも、なを自他解了の程を決せんがために、正應元年冬のころ、常陸國河和田唯圓房と號せし法侶上洛しけるとき、對面して日來不審の法文にをいて善惡二業を決し、今度あまたの問題をあげて、自他數遍の談にをよびけり。かの唯圓大德は鸞聖人の面授なり。鴻才辯說の名譽ありしかば、これに對してもますます當流の氣味を添けるとぞ。

二―二 『慕帰絵詞』（従覚）第四巻第一段（善鸞符術）

（『浄土真宗聖典全書』四相伝篇上 三八三頁）

慕歸繪第四巻

第一段

同三年には、法印そのとき廿一のことにや、本願寺先祖勸化し給ふ門下ゆかしくおぼゆるに、さることのたよりあることをよろこびて、しばらくいとまを南都の御所へ申賜て、東國巡見しけるに、國はもし相州にや、餘綾山中といふ所にして、風瘧をいたはる事侍るに、慈信房（元宮内卿公善鸞）入來ありて、退治のためにわが封などぞ、さだめて驗あらんと自稱しあたへんとせらる。眞弟如信ひじりも坐せられけるに、法印申さば、いまだ若齡ぞかし。其うへ病屈の最中も堅固の所存ありければ、おもひける樣、おとさばわれとこそおとさめ、この封を受用せん事しかるべからず。ゆへは師匠のまさしき嚴師にて坐せらるれば、もだしがたきには似たれども、この禪襟としひさしく田舍法師となり侍れば、あなづらはしくもおぼえ、しかるべくもおもはぬうへ、おほかた門流にをいて聖人の御義に順ぜず。あまさへ堅固あらぬさまに邪道をことゝする御子になられて、別解・別行の人にてましますうへは、今これを許容しがたく、肅清の所存ありければ斟酌す。まづ請取てのむ氣色にもてなして掌中にをさめけり。それをさすがみとがめられけるにや、後日に遺恨ありけるとなん。この慈信房は安心などこそ師範と一味ならぬとは申せども、さる一道の先達となられければ、今度東關下向のとき、法印常陸に村田といふあたりを折節ゆきすぎけるに、たゞいま大殿の御濱いでとて、男法師・尼女たなびきて、むしといふ物をたれて、二、三百騎にて鹿嶋へまいらせたまふとて、おびたゞしくのゝめく所をとおりあひけり。大殿と號しけるも、邊土ながらかの堺なれば、先代守殿をこそさも稱すべけれども、すこぶる國中歸伏のいたりにやと不思議にぞあざみける。かゝる時も他の本尊をばもちゐず、無礙光如來の名號ばかりをかけて、一心に念佛せられけるとぞ。下野國高田顯智房と稱するは、眞壁の眞佛ひじりの口決をえ、鸞聖人には孫弟たりながら、御在世にあひたてまつりて面受し申こともありけり。或冬の事なりけるに、爐邊にして對面ありて、聖人と慈信法師と、御顔と顔とさしあはせ、御手と手とゝりくみ、御額を指合て何事にか物を密談あり。其時しも顯智ふと參たれば、兩方へのきたまひけり。顯智大德後日に法印に語示けるは、かゝることをまさしくまいりあひてみたてまつりし。それよりして何ともあれ、慈信御房も子細ある御事なりと云々。是をおもふに、何様にも内證外用の德を施して、融通し給ふむねありけるにやと符合し侍り。天竺には頻婆娑羅王・韋提夫人・阿闍世太子・達多尊者・耆婆大臣等の金輪婆羅門種姓までも、あひ猿樂をしてつゐには佛道に引入せしめ、和朝には上宮皇子、守屋大連を誅伐したまひしも、佛法の怨敵たりし違逆の族を退むがために、君臣の戰におよびしにいたるまでも、みな佛の變作なれば、巧方便をめぐらして、かへりて邪見の群衆を化度せんとしたまふ篇あれば、彼慈信房おほよそは聖人の使節として坂東へ差向たてまつられけるに、眞俗につけて、門流の義にちがひてこそ振舞はれけれども、神子・巫女の主領となりしかば、かゝる業ふかきものにちかづきて、かれらをたすけんとにや、あやしみおもふものなり。

二―三　『最須敬重絵詞』（乗専）巻五第一七段（善鸞符術）

（『浄土真宗聖典全書』四相伝篇上四四八頁）

最須敬重繪詞五

第十七段

聖人御勸化の舊跡もゆかしく、いまだ上洛せぬ門弟達の向顔も大切におぼされければ、東國の巡見度々に及けり。まづ最初には、正應三年三月の比、嚴親桑門下向せさせ給けるに同道し給、こゝかしこ御遊歷の處々に至て、往事をしたふ涙にむせび、連々御隱居の國々を見て、平日の化導にもれたることをのみぞ今更かなしみ給ける。その下國の路にひたちの國とかや、小柿の山中と云所にて、にはかにわづらひ給事ありけり。世間に傷寒と號する事にや、溫氣身にありて四大やすからず、苦痛こゝろをなやまして五藏ことごとくいたむ。旅所の程なれば、醫家の術を訪にもをよばず、生涯の終にこそとて、たゞ佛刹の望をのみぞ專にせられける。こゝに慈信大德と申人おはしけり、如信上人には嚴考、本願寺聖人の御弟子なり。初は聖人の御使として坂東へ下向し、淨土の教法をひろめて、邊鄙の知識にそなはり給けるが、後には法文の義理をあらため、あまさへ巫女の輩に交て、佛法修行の儀にはづれ、外道尼乾子の様にておはしければ、聖人も御餘塵の一列におぼしめさず、所化につらなりし人々もすてゝみな直に聖人へぞまいりける。而にかの大徳ちかきあたりに遊止し給けるほどに、病床をとぶらはんがために旅店にきたりのぞまれけるが、の給けるは、われ符をもてよろづの災難を治す、或は邪氣、或は病惱、乃至呪詛、怨家等をしりぞくるにいたるまで、效驗いまだ地におちず、今の病相は溫病とみえたり。これを服せられば卽時に平愈すべしとて、すなはち符を書て與らる。病者こゝろの中に領納の思なかりければ、面の上に不受の色あらはれたり。さりながら事を病患の朦昧に寄て、しらぬ由にて取たまはず。嚴親枕にそふて坐し給けるが、本人辭遁の氣をば見給ながら、片腹痛とや思給けん、それそれと勸らる。信上人、又そばにて取繼て、やがて手にわたし給けるほどに、さのみのがれがたくて、のむよしにて手のなかにかくし、くちのうちへはいれたまはざりけり。いつはりのみ給けしき、かの大徳もみとがめ給けるにや、わが符術をかろしめてもちゐられざるよし、後日につぶやき給けるとぞ。さて大徳かへられてのちに、かの符を受用なかりつる所存はいかにと桑門たづね給ければ、こたへ給けるは、名號不思議の功能を案じ、護念増上縁の勝益を思には、まめやかに鬼魅のなす所の病ならば、おほかたは念佛者のこれにをかされん事は本意ならず。これ行者の信心のいまだいたらざるゆへ歟、しからずは、うくる所のやまひ瘴煙のたぐひにあらざる歟。もし風寒のなやますところならば良薬をもて治すべし、もし疫神のなすところならば佛力をもて伏すべし。いかでか無上大利の名號をたもちながら、つたなく淺近幻惑の呪術をもちゐんやとこたへ給けり。そのゝちことに信力をぬきいで、稱名をこたり給ざりけるに、病累程なく平復し、心神本のごとく安泰にぞ成給ける。かの慈信大徳もかくのごとく佛法の軌儀をひるがへし、巫覡の振舞にておはしけれども、もし外相をわざとかやうにもてなされけるにや、あやしくみえ給事ともありけり。そのゆへは大和尚位同斗藪の時、鎌倉をすぎ給けるに、故最勝園寺相州禪門貞時朝臣政務のはじめつかたなりけるに、おりふし守殿の御濱出とてひそめきさはぐを見給ければ、塔の辻より濱際まで數多の勢みちもよけやらずつゞきたり。その爲體、僧尼士女あひまじはり、岐をたれてみな騎馬なるが二、三百騎もやあるらんとみえたり。その中にかの大德もくはゝられけるが、聖人よりたまはられける無㝵光如來の名號のいつも身をはなたれぬを頸にかけ、馬上にても他事なく念佛せられけり。又常陸國をとほり給けるにも、その比小田の惣領ときこえしは、筑後守知賴の事にや。かの人鹿嶋の社へ參詣の時にも同道せられけるが、そのときも本尊の隨身といひ羇中の稱名といひ、關東の行儀にすこしもたがはず、兩度ともにとほりあひて御覽じ給ければ、心中の歸法は外儀の輕忽にはたがはれたるにやとぞの給し。しかのみならず、聖人五條西洞院の禪房にわたらせ給しとき、かの大德まいり給たりけるに、常の御すゐへ請じ申され、冬の事なれば爐邊にて御對面あり。聖人と大德と互に御額を合て、ひそかに言辭を通じ給けり。高田の顯智大德と云人は、眞壁の眞佛聖の弟子にて、聖人には御孫弟ながら、上洛の時は禪容のほとりにちかづき、直に溫言の端にも預し人なるがゆへに、おりふしふとまいりてこはづくろひありければ、聖人も言說をやめられ、信大德すなはち片方へ退給けり。話語のむねしりがたし、よも世間の塵事にはあらじ、定て佛法の密談なるべし、いかさまにも子細ある御事にやとぞ、顯智房はのちにかたり申されける。おほよそ人の權實は凡見をもてさだめがたく、外相をもてはかりがたし。かの書寫山の性空上人の生身の普賢を拜せんと願ぜし攝州神崎の遊女の長者、白玉無漏の相を示けり。また元興寺の賴光法師の一生嬾墮なりし、人出離をうたがひしかども、心中にひそかに修するところありければ、安養順次の往生をとげき。さればこの慈信大德も、今のありさまは釋範に違し、その行狀は幻術に同ずれども、しらず御子巫等の黨にまじはりて、かれらをみちびかんとする大聖の善巧にもやありけん。外儀は西方の行人にあらざれども内心は彌陀を持念せられければ、かの符術も名號加持の力をもとゝせられけるにや。もちゐる人はかならずその勝利むなしからざりけり。しかりといへども、當時の體をみるに、一流の行儀にあらざれば、その時かの符をうけたまはざりける信心の堅強なる程もあらはれ、師訓を憶持したまふ至もたうとくこそおぼゆれ。

『歎異抄』原本の形体に関係する資料

三―一 『歎異抄』蓮如本の第一〇条と中序（唯円の三代伝持の血脈）

（本書の口絵六・七頁、並びに資料編一の二七八頁）

（『註釈版』八三七頁に記述。参照のこと）

三―二 『口伝鈔』（覚如）題名から第二条目冒頭まで（覚如の三代伝持の血脈）

（『浄土真宗聖典全書』四相伝篇上二四五頁）

（『註釈版』八七一頁）

口傳鈔上

本願寺鸞聖人、如信上人に對しましまして、おりおりの御物語の條々。

（一）

一　あるときのおほせにのたまはく、黒谷聖人 源空 淨土眞宗御興行さかりなりしとき、上一人よりはじめて偏執のやから一天にみてり。これによりて、かの立宗の義を破せられんがために、禁中 時代不審、もし土御門の院の御宇歟 にして七日の御逆修をはじめをこなはるゝついでに、安居院の法印聖覺を唱導として、聖道の諸宗のほかに別して淨土宗あるべからざるよし、これをまふしみだらるべきよし、勅請あり。しかりといへども、勅喚に應じながら、師範空聖人の本懐さへぎりて覺悟のあひだ、まふしみだらるゝにをよばず、あまさへ聖道のほかに淨土の一宗興じて、凡夫直入の大益あるべきよしを、ついでをもてことに申したてられけり。こゝに公廷にしてその沙汰あるよし、聖人空源きこしめすについて、もしこのときまふしやぶられなば、淨土の宗義なむぞ立せむや。よりて安居院の坊へおほせつかはされんとす。たれびとたるべきぞやのよし、その仁を内々えらばる。ときに善信御房その仁たるべきよし、聖人さしまふさる。同朋のなかに、またもともしかるべきよし、同心に擧しまふされけり。そのとき上人善信かたく御辭退、再三にをよぶ。しかれども、貴命のがれがたきによりて、使節として上人善信安居院の房へむかはしめたまはんとす。ときに綍もとも重事なり、すべからく人をあひそへらるべきよし、まふさしめたまふ。もともしかるべしとて、西意善綽御房をさしそへらる。兩人、安居院の房にいたりて案内せらる。おりふし沐浴と云々。御つかひ、たれびとぞやととはる。善信御房入來ありと云々。そのときおほきにおどろきて、この人の御使たること邂逅なり。おぼろげのことにあらじとて、いそぎ温室よりいでゝ對面、かみくだんの子細をつぶさに聖人源空のおほせとて演説。法印まふされていはく、このこと年來の御宿念たり。聖覺いかでか疎簡を存ぜむ。たとひ敕定たりといふとも、師範の命をやぶるべからず。よりておほせをかうぶらざるさきに、聖道・浄土の二門を混亂せず、あまさへ、浄土の宗義をまふしたてはむべりき。これしかしながら、王命よりも師孝ををもくするがゆへなり。御こゝろやすかるべきよし、まふさしめたまふべしと云々。このあひだの一座の委曲、つぶさにするにいとまあらず。すなはち上人善信御歸參ありて、公廷一座の唱導として、法印重説のむねを聖人源空の御前にて一言もおとしましまさず、分明に又一座宣説しまふさる。そのときさしそへらるゝ善綽御房に對して、もし紕繆ありやと、聖人源空おほせらるるところに、善綽御房まふされていはく、西意、二座の説法聽聞つかうまつりをはりぬ、言語のをよぶところにあらずと云々。三百八十餘人の御門侶のなかに、その上足といひ、その器用といひ、すでに清撰にあたりて使節をつとめましますところに、西意また證明の發言にをよぶ。おそらくは多寶證明の往事にあひおなじきものをや。この事、大師聖人の御とき、随分の面目たりき。説道も涯分いにしへにはづべからずといへども、人師・戒師停止すべきよし、聖人の御前にして誓言發願をはりき。これによりて檀越をへつらはず、その請におもむかずと云々。そのころ七條の源三中務丞が遺孫、次郎入道浄信、土木の大功をへて一宇の伽藍を造立して、供養のために唱導におもむきましますべきよしを崛請しまふすといへども、上人信善つるにもて固辞しおほせられて、かみくだむのおもむきをかたりおほせらる。そのとき上人善信權者にましますといへども、濁亂の凡夫に同じて、不浄説法のとがをもきことをしめしましますものなり。

(二)

一 光明・名號の因緣といふ事。

十方衆生のなかに、浄土教を信受する機あり、信受せざる機あり。(後略)

三―三　『歎異抄』（唯円）後序「信心一異の諍論」（唯円の三代伝持の血脈）

（本書の資料編一の二八八頁）

（『註釈版』八五一頁）

三―四　『口伝鈔』（覚如）奥書（覚如の三代伝持の血脈）

（『浄土真宗聖典全書』四相伝篇上二八五頁）

（『註釈版』九一三頁）

口傳鈔下

元弘第一之暦辛未仲冬下旬之候、相當　祖師聖人本願寺親鸞報恩謝德之七日七夜勤行中、談話先師上人釋如信面授口決之專心・專修・別發願之次、所奉傳持之　祖師聖人之御己證、所奉相承之他力眞宗之肝要、以予口筆令記之。是往生淨土之券契、濁世末代之目足也。故廣爲濕後昆、遠利衆類也。雖然、於此書者守機可許之、無左右不可令披閱者也。非宿善開發之器者、癡鈍之輩、定翻誹謗之脣歟。然者恐可令沈沒生死海之故也。深納箱底輒莫出閫而已。

釋宗昭

先年如斯註記之訖、而慮外于今存命。仍染老筆所寫之也。姓彌朦朧、身又羸劣、雖不堪右筆殘留斯書於遺跡者、若披見之人、往生淨土之信心開發歟之間、不顧窮屈於燈下馳筆畢耳。

康永三歳甲申九月十二日、相當亡父尊靈御月忌故、終寫功畢。

釋宗昭七十五

同年十月廿六日夜、於燈下付假名訖。

資料篇 四

『歎異抄』第六条「親鸞は弟子一人ももたず」に関わる資料

四―一　『歎異抄』第六条

（本書一三六頁に全引、並びに資料篇一―一の二七六頁を参照のこと）
（『浄土真宗聖典全書』一〇五七頁）
（『註釈版』六三五頁）

四―二　『御文章』（蓮如）第一帖目第一通

（本書の一七八頁に全引）
（『浄土真宗聖典全書』五相伝篇下・四〇二頁）
（『註釈版』一〇八三頁）

四―三　『口伝鈔』（覚如）第六条

（本書の一三八頁に全引）
（『浄土真宗聖典全書』四相伝篇上二五三頁）
（『註釈版』八八〇頁）

四―四　『改邪鈔』（覚如）第四条

（『浄土真宗聖典全書』四相伝篇上三〇四頁）
（『註釈版』九二二頁）

改邪鈔

一　弟子と稱して、同行等侶を自專のあまり、放言・惡口すること、いはれなき事。

光明寺の大師の御釋には、「もし念佛するひとは、人中の好人なり、妙好人なり、最勝人なり、上人なり、上上人なり」（散善義意）とのたまへり。しかれば、そのむねにまかせて、祖師のおほせにも、「それがしはまたく弟子一人ももたず。そのゆへは、彌陀の本願をたもたしむるほかはなにごとをおしへてか弟子と號せん。彌陀の本願は佛智他力のさづけたまふところなり。しかれば、みなともの同行なり。わたくしの弟子にあらず」と云々。これによりて、たがひに仰崇の禮儀をたゞしくし、昵近の芳好をなすべしとなり。その義なくして、あまさへ惡口をはく條、ことごとく祖師・先德の御遺訓をそむくにあらずや、しるべし。

五―一　康永本『御伝鈔』上本第一段「出家学道」

（『浄土真宗聖典全書』四相伝篇上七五頁）
（『註釈版』一〇四三頁）

本願寺聖人傳繪上　本

第一段

夫聖人の俗姓は藤原氏、天兒屋根尊二十一世の苗裔、大織冠（鎌子内大臣）の玄孫、近衞大將右大臣（贈左大臣）從一位内麿公（號後長岡大臣、或號閑院大臣、贈正一位太政大臣房前公孫、大納言式部卿眞楯息）六代の後胤、弼宰相有國卿五代の孫、皇太后宮大進有範の子也。しかあれば朝廷に仕て霜雪をも戴き、射山に趨て榮花をも發くべかりし人なれども、興法の因うちに萌し、利生の縁ほかに催しによりて、九歳の春比、阿伯從三位範綱卿（于時從四位上前若狭守、後白河上皇近臣、聖人養父）前大僧正（慈圓慈鎭和尚是也、法性寺殿御息、月輪殿長兄）の貴房へ相具したてまつりて、鬢髮を剃除したまひき。範宴少納言公と號す。自爾以來、しばしば南岳・天台の玄風をとぶらひて、ひろく三觀佛乘の理を達し、とこしなへに楞嚴横河の餘流をたゝへて、ふかく四教圓融の義に明なり。

五―二　康永本『御伝鈔』上本第四段「蓮位夢想」

（『浄土真宗聖典全書』四相伝篇上八〇頁）
（『註釈版』一〇四六頁）

親鸞聖人傳繪（御傳鈔）上

第四段

建長八歳丙辰二月九日夜寅時、釋蓮位夢想の告云、聖徳太子、親鸞聖人を禮したてまつりましましてのたまはく、「敬禮大慈阿彌陀佛、爲妙教流通來生者、五濁惡時惡世界中、決定卽得无上覺也」。しかれば、祖師聖人、彌陀如來の化現にてましますといふ事明なり。

五―三　康永本『御伝鈔』上末第八段「入西観察」

（『浄土真宗聖典全書』四相伝篇上八八頁）
（『註釈版』一〇五一頁）

親鸞聖人傳繪（御傳鈔）上

第八段

御弟子入西房、聖人親鸞の眞影をうつしたてまつらんとおもふこゝろざしありて、日來をふるところに、聖人そのこゝろざしあることを鑑ておほせられてのたまはく、定禪法橋七條邊に居住にうつさしむべしと。入西房、鑑察のむねを隨喜して、すなわちかの法橋を召請す。定禪左右なくまいりぬ。すなわち尊顔にむかひたてまつりて申ていはく、去夜、奇特の靈夢をなん感ずるところなり。その夢中に拝したてまつるところの聖僧の面像、いまむかひたてまつる容貌、すこしもたがふところなしといひて、たちまちに随喜感歎の色ふかくして、みづからその夢をかたる。貴僧二人來入す。一人の僧のたまはく、この化僧の眞影をうつさしめむとおもふこゝろざしあり。ねがはくは禪下筆をくだすべしと。定禪問ていはく、かの化僧たれ人ぞや。くだむの僧いはく、善光寺の本願御房これなりと。こゝに定禪たなごゝろをあはせひざまづきて、夢のうちにおもふ樣、さては生身の彌陀如來にこそと、身毛いよだちて恭敬尊重をいたす。また、御ぐしばかりをうつされんにたむぬべしと云々。かくのごとく問答往復して夢さめをはりぬ。しかるにいまこの貴坊にまいりてみたてまつる尊容、夢中の聖僧にすこしもたがはずとて、随喜のあまり涙をながす。しかれば、夢にまかすべしとて、いまも御ぐしばかりをうつしたてまつりけり。夢想は仁治三年九月廿日の夜也。つらつらこの奇瑞をおもふに、聖人、彌陀如來の來現といふこと炳焉なり。しかればすなわち、弘通したまふ教行、おそらくは彌陀の直説といひつべし。あきらかに無漏の惠燈をかゝげて、とをく濁世の迷闇をはらし、あまねく甘露の法雨をそゝぎて、はるかに枯竭の凡惡をうるほさむとなり。あふぐべし、信ずべし。

康永二歳 癸未 十月中旬比、依發願終畫圖之功畢。而間頽齡覃八旬算、兩眼朦朧。雖然愁厥詞、如形染紫毫之處、如向闇夜不辨筆點。仍散々無極、後見招恥辱者也而已。

大和尚位宗昭 七十四

畫工康樂寺沙彌圓寂

五—四　康永本『御伝鈔』下末第四段「箱根霊告」

（『浄土真宗聖典全書』四相伝篇上九七頁）
（『註釈版』一〇五五頁）

本願寺聖人傳繪下 末

第四段

聖人東關の堺を出て、花城の路におもむきましましけり。或日晩陰にをよむで箱根の險阻にかゝりつゝ、遙に行客の蹤を送て、漸人屋の樞にちかづくに、夜もすでに曉更にをよむで、月もはや孤嶺にかたぶきぬ。于時聖人あゆみよりつゝ案内したまふに、まことに齢傾たる翁のうるはしく裝束たるが、いとことゝく出會たてまつりていふ様、社廟ちかき所のならひ、巫どもの終夜あそびし侍るに、おきなもまじわりつるに、いまなんいさゝかよりゐ侍ると思ふほどに、夢にもあらず、うつゝにもあらで、權現被仰云、只今われ尊敬をいたすべき客人、此路を過給ふべき事あり、かならず慇懃の忠節を抽て、殊に丁寧の饗應を儲べしと云々。示現いまだ覺をはらざるに、貴僧忽爾として影向し給へり。何ぞたゞ人にましまさむ。神敕是炳焉也。感應最恭敬すといひて、尊重屈請したてまつりて、さまざまに飯食を粧ひ、色々に珍味を調けり。

五―五　康永本『御伝鈔』下末第五段「熊野霊告」

（『浄土真宗聖典全書』四相伝篇上九七頁）
（『註釈版』一〇五六頁）

親鸞聖人傳繪（御傳鈔）下

第五段

聖人故郷に歸て往事をおもふに、年々歳々夢のごとし、幻のごとし。長安・洛陽の栖も跡をとゞむるに嬾とて、扶風馮翊ところどころに移住したまひき。五條西洞院わたり、一の勝地也とて、しばらく居をしめたまふ。今比、いにしへ口決を傳ひ、面受を遂し門徒等、をのをの好を慕ひ、路を尋て參集たまひけり。其比常陸國那荷西郡大部郷に、平太郎なにがしといふ庶民あり。聖人の御訓を信じて、專貳なかりき。而或時、件の平太郎、所務に驅れて熊野に詣べしとて、事のよしをたづね申さむために、聖人へまいりたるに、被仰云、夫聖教萬差也、いづれも機に相應すれば巨益あり。但末法の今時、聖道の修行にをきては成ずべからず。すなわち「我末法時中、億々衆生起行修道、未有一人得者」（大集經卷四〇日藏分護持品意　大集經卷五五月藏分閻浮提品意）といひ、「唯有淨土一門可通入路」（安樂集卷上）と云々。此皆經釋の明文、如來の金言也。而今「唯有淨土」の眞說に就て、忝彼三國の祖師、各此一宗を興行す。所以に、愚禿勸るところ、更にわたくしなし。然に一向專念の義は往生の肝腑、自宗の骨目也。卽三經に隱顯ありといへども、文云義、共に明哉。『大經』の三輩にも一向と勸て、流通にはこれを彌勒に附屬し、『觀經』の九品にもしばらく三心と説て、これまた阿難に附屬す、『小經』の一心つゐに諸佛これを證誠す。依之論主一心と判じ、和尚一向と釋す。然則、何の文によりて、專修の義立すべからざるぞや。證誠殿の本地すなわちいまの教主なり。かるが故に、とてもかくても衆生に結緣の心ざしふかきによりて、和光の垂迹をとゞめたまふ。垂迹をとゞむる本意、たゞ結緣の群類をして願海に引入せむとなり。しかあれば、本地の誓願を信じて偏に念佛をことゝせむ輩、公務にもしたがひ、領主にも驅仕て、其靈地をふみ、その社廟に詣せんこと、更に自心の發起するところにあらず。然者、垂迹にをきて内懷虛假の身たりながら、あながちに賢善精進の威儀を標すべからず。唯本地の誓約にまかすべし、穴賢、穴賢。神威をかろしむるにあらず、努力努力冥皆をめぐらし給ふべからずと云々。これによりて、平太郎熊野に參詣す。道の作法別整儀なし。たゞ常沒の凡情にしたがへて、更に不淨をも刷事なし。行住坐臥に本願を仰ぎ、造次顚沛に師孝を憑に、はたして無爲に參著の夜、件の男夢告云、證誠殿の扉を排て、衣冠たゞしき俗人被仰云、汝何ぞ我を忽緒して汚穢不淨にして參詣するやと。爾時かの俗人に對座して、聖人忽爾として見給。其詞云、彼は善信が訓によりて念佛する者也と云々。爰俗人笏を直しくして、ことに敬屈の禮を著しつゝ、かさねて述るところなしと見るほどに、夢さめをはりぬ。おほよす奇異のおもひをなすこと、いふべからず。下向の後、貴房にまいりて、くはしく此旨を申に、聖人其事也とのたまふ。此又不可思議のことなりかし。

五―六　『恵信尼消息』第三通「恵信尼夢想」

（『浄土真宗聖典全書』二宗祖篇上一〇三二頁）
（『註釈版』八一一頁）

恵信尼消息

㈢

こぞの十二月一日の御ふみ、同はつかあまりに、たしかにみ候ぬ。なによりも殿の御わうじやう、中々はじめて申におよばず候。

やまをいでゝ、六かくだうに百日こもらせ給て、ごせをいのらせ給けるに、九十五日のあか月、しやうとくたいしのもんをむすびて、じげんにあづからせ給て候ければ、やがてそのあか月いでさせ給て、ごせのたすからんずるえんにあいまいらせんと、たづねまいらせて、ほうねん上人にあいまいらせて、又六かくだうに百日こもらせ給て候けるやうに、又百か日、ふるにもてるにも、いかなるたいふにも、まいりてありしに、たゞごせの事は、よき人にもあしきにも、おなじやうに、しやうじいづべきみちをば、たゞ一すぢにおほせられ候しを、うけ給はりさだめて候しかば、しやうにんのわたらせ給はんところには、人はいかにも申せ、たとひあくだうにわたらせ給べしと申とも、せゝしやうじやうにもまよいければこそありけめ、とまで思まいらするみなればと、やうやうに人の申候し時もおほせ候しなり。

さてひたちのしもつまと申候ところに、さかいのがうと申ところに候しとき、ゆめをみて候しやうは、だうくやうかとおぼへて、ひんがしむきに御だうはたちて候に、しんがくとおぼえて、御だうのまへにはたてあかししろく候に、たてあかしのにしに、御だうのまへに、とりゐのやうなるによこさまにわたりたるものに、ほとけをかけまいらせて候が、一たいは、たゞほとけの御かほにてはわたらせ給はで、たゞひかりのま中、ほとけのづくわうのやうにて、まさしき御かたちはみへさせ給はず、たゞひかりばかりにてわたらせ給。いま一たいは、まさしき佛の御かほにてわたらせ給候しかば、これはなにほとけにてわたらせ給ぞと申候へば、申人はなに人ともおぼえず、あのひかりばかりにてわたらせ給は、あれこそほうねん上人にてわたらせ給へ。せいしぼさつにてわたらせ給ぞかしと申せば、さて又いま一たいはと申せば、あれはくわんおんにてわたらせ給ぞかし。あれこそぜんしんの御房よと申とおぼえて、うちおどろきて候しにこそ、ゆめにて候けりとは思て候しか。

さは候へども、さやうの事をば人にも申さぬとき〻候しうへ、あまがさやうの事申候らむは、げにげにしく人も思まじく候へば、てんせい、人にも申さで、上人の御事ばかりをば、とのに申て候しかば、ゆめにはしなわいあまたある中に、これぞじちむにてある。上人をば、しよしよにせいしぼさつのけしんと、ゆめにもみまいらする事あまたありと申うへ、せいしぼさつはちゑのかぎりにて、しかしながらひかりにてわたらせ給と候しかども、くわんおんの御事は申さず候しかども、心ばかりはその〻ちうちまかせては思まいらせず候しなり。かく御心へ候べし。

されば御りんずはいかにもわたらせ給へ、うたがひ思まいらせぬうへ、おなじ事ながら、ますかたも御りむずにあいまいらせて候ける、おやこのちぎりと申ながら、ふかくこそおぼえ候へば、うれしく候、うれしく候。

又このくには、こぞのつくりもの、ことにそんじ候て、あさましき事にて、おほかたいのちいくべしともおぼえず候中に、ところどもかはり候ぬ。一ところならず、ますかたと申、又おほかたはたのみて候人のりやうども、みなかやうに候うへ、おほかたのせけんもそんじて候あひだ、中々とかく申やるかたなく候也。かやうに候ほどに、としごろ候つるやつばらも、おとこ二人、正月うせ候ぬ。なにとして、ものをもつくるべきやうも候はねば、いよいよせけんたのみなく候へども、いくほどいくべきみにても候はぬに、せけんを心ぐるしく思べきにも候はねども、み一人にて候はねば、これらが、あるいはおやも候はぬおぐろの女ばうのおんなご、おのこゞ、これに候うへ、ますかたが子どもも、たゞこれにこそ候へば、なにとなくはゝめきたるやうにてこそ候へ。いづれもいのちもありがたきやうにこそおぼえ候へ。

このもんぞ、殿のひへのやまにだうそうつとめておはしましけるが、やまをいでゝ、六かくだうに百日こもらせ給て、ごせの事いのり申させ給ける九十五日のあか月の御じげんのもんなり。ごらん候へとて、かきしるしてまいらせ候。

資料篇　六

後鳥羽上皇と真宗関係者との関連を示す資料

六―一　『口伝鈔』（覚如）第一段（聖覚が宮中で選択本願念仏を説く）

（『浄土真宗聖典全書』四相伝篇八三二頁）
（『註釈版』八七一頁）
（本書の資料編三一―一、三〇二頁）

六―二　『無常講式』（後鳥羽上皇）の一部

「無常講式」延べ書き

次第無く　法則無く　只無常を念じ　弥陀の名を唱えよ
日時無く　道場無く　閑居の暁の天　旅宿の草の枕

五道六道の苦を厭て、欣ふ可きは安養の浄刹、前仏後仏の間に生れて、憑む可きは、弥陀の悲願なり。倩以れば、我等衆生の身は朽宅の如し。危き命の柱、僅かに支ふ。心、旅客の宿るに似たり。息と興に去むと欲す。愚にして百年を期し、暗に一生を送るの間、三十四十員は知らずして早く過ぎ、五十六十竿は覚へずして忽に来る。漸く七十に垂ぬれば、老と興に又病む。来世近きに在り、豈暗然として眠らんや

（中略）

世を挙げて浮蝣の如し。朝に死して夕に死して、別るる者幾許ぞや。或ひは昨日已に埋んで、涙を墓の下に襟ふ者あり。或ひは今夜送らむと欲して、別れを棺の前に泣く人もあり。凡そ墓無き者は、人の始中終、幻の如きは、一期の過ぐる程なり。三界は無常なり。古より未だ万歳の人の身、有りと云ふことを聞かず。一生過ぎ易し。今に在りて誰か百年の形體を保たん。實に我や前、人や前、今日とも知らず、明日とも知らず、後れ先だつ人、本の滴、末の露より繁し。原野を指して、獨逝地と為、墳墓を築いて、永く栖家とす。焼けば灰と為り、埋めば土と為る。人の成之終の質なり。嗚呼雲鬢を撫でて、花の間に戯れ、朝百媚別れ難しと雖も、露の命に先たち、蓬の下に臥す。夕に九相、皆捨つべし。爛れて一両日、過ぐる者、悉く眼を傍む。臭して三五里を行く人、皆鼻を塞ぐ。便利二道の中より、白き蠕、蠢き出でて、手足四支の上より、青蠅飛び集る。虎狼野干は、四方に馳せて、十二節を所々に置き、鵄梟「馬周」鷲は、五臓を啄ひて、五尺の腸を色々に捉ふ。肉落ち、皮剥げて、但生髑髏日に暴され、雨に洗はる。終に朽ちて土と成ぬ。雲鬢何くにか収まる。華の貌、何くにか壊るる。

眼には秋草生ひ、首は春の苔繁し。白楽天云く、故墓何れの世の人ぞ、姓と名と知らず、化して道の頭の土と為て、年々に春の草生ふと云ひ、西施顔色、今何くに在る、有るべし、春の風、百草の頭と云々。再び生れて、汝今壮なる位を過ぎたり、死に衰ろへて、将に閻魔王に近ずかんとす。先路に往かんと欲するに、資糧無く、中間に住せんと求むるに所止なし。一切の有為の法は、夢幻泡影の如し。露の如し、亦電の如し、応に是の如き観を何すべし。

南無阿弥陀仏

(中略)

然れば則ち蕭々たる夜の雨、窓を打つの時、皎々たる残の燈、壁を背けるの下に、十二縁の観を為して、生死の無常を悲しみ、九品の迎を欣ふて、弥陀の名号を唱えよ。天帝二十五億の人、天女五衰の夕には、皆捨てて去んぬ。転輪聖王の八万四千の後宮、一期の終に、一も従はず。仰ぎ願はくは、観音・勢至・二十五菩薩・普賢・文殊・四十一地賢聖臨命終の夕に、蓮臺を捧げ、草庵に来たり、一期の生の後、浄土に導きて、玉の臺に移し給へ。此の身は万劫、煩悩の根たり、厭て金剛不壊の質と為すべし。妻子珍宝及び王位、臨命終時には従はざるものなり。只戒と及び施と放逸せざると、今世後世に伴侶と為る。此の諸々の功徳に依り、願はくは命終時に於て、無量寿仏を無辺功徳の身を見たてまつらむ。我及び余の信ずる者、既に彼の仏を見まつり已って、願はくは、離垢の眼を得て、安楽国に往生せむ。

南無阿弥陀仏

無常講式　　　　　　　　陰岐法皇御筆

正月九日　　　　　　　　帝王崩御　同月二十日

「『後鳥羽上皇　御製　無常講式の研究』石崎達二の読み下し文

昭和一二年三月『立命館文学』第四巻第三号　三九頁」

六―三　『存覚法語』（存覚）「無常輪」の一部（後鳥羽上皇の『無常講式』の引用）

（『浄土真宗聖典全書』四相伝篇八三一頁）

存覺法語

そもそも彌陀如來の、深重の本願をおこし殊妙の國土をまうけたまへるは、衆生をして三輪をはなれしめんがためなり。その三輪といふは、一には无常輪、二には不浄輪、三には苦輪なり。この義、慈恩大師の『阿彌陀經の通贊』にみえたり。また惠心の『往生要集』に十門をたつるなかの、第一に厭離穢土の相を判ずとして、人間のいとふべきことをあかすにもこの三をあげたり。かの『集』（要集巻上意）には「不淨・苦・无常」とつらねたり。一に无常輪といふは、この世のなかのさだめなくはかなきありさまなり。『大經』（巻下）にこのことはりをときて、あるひは「愛欲・榮花つねにたもつべからず。みなまさに別離すべし」といひ、あるひは「處年壽命、よくいくばくもなし」（大經巻下）といへり。つらつらおもんみれば、輪王高貴のくらゐ七寶つゐに身にしたがふことなく、釋天寶象のあそび四苑ながくまなこにへだつる期あり。あふひで六欲・四禪をおもふに、三界のうちにうらやましかるべきところなし、ふして三惡・四趣をうかゞふに、六道のあひださながらみなかなしみをまぬかるべきところにあらず。人間南浮のわづかなるいのち、粟散邊國のいやしき果報、なんぞ著樂をなすべきや。不死のくすりをもとめし秦皇・漢武もむなしくさりぬ。たゞ悲風の驪山・杜陵のふもとにむせぶあり。武勇のはかりごとに長ぜし樊噲・張良も名をのみのこせり。いまだ遷變有爲のあだをふせぐ弓箭あることをきかず。綺羅の三千もそらにおひたり、漢李・唐楊のたほやかなりしすがたも一聚のちりとなりぬ。付法藏の賢聖もことごとくかくれぬ、有智高行の聖人にもかたさらぬは无常の殺鬼なり。老少不定のさかひなれば、さかりなるひともおほくゆく。生者必滅のことはりなれば、おいぬるひとはましてとゞまらず。鳥部山のけぶり、みねにものぼり、ふもとにもたつ。われもいつかそのかずにいらん。あだし野のつゆ、あしたにもきえ、ゆふべにもおつ。たれとてもよそにやはおもふべき。後鳥羽の禪定上皇の遠島の行宮にして宸襟をいたましめ浮生を觀じましましける御くちずさみにつくらせたまひける『无常講の式』こそ、さしあたりたることはり、みゝぢかにて世にあはれにきこえ侍めれ。その敕藻をみれば、「あるひはきのふすでにうづんで、なみだをつかのもとにのごふもの、あるひはこよひをくらんとして、わかれを棺のまへになく人あり。おほよそはかなきものはひとの始中終、まぼろしのごとくなるは一期のすぐるほどなり。三界无常なり、いにしへよりいまだ萬歳の人身あることをきかず、一生すぎやすし。いまにありてたれか百年の形體をたもつべき。われやさきひとやさき、けふともしらずあすともしらず、をくれさきだつ人、もとのしづくすゑのつゆよりもしげし」といへり。

（後略）

六―四　『白骨の御文章』（蓮如）第五帖目第一六通（後鳥羽上皇の『無常講式』の引用）

（『浄土真宗聖典全書』五相伝篇下一九一頁）
（『註釈版』一二〇三頁）

御文章（五帖）

（一六）

夫人間の浮生なる相をつらつら観ずるに、おほよそはかなきものはこの世の始中終、まぼろしのごとくなる一期なり。さればいまだ萬歳の人身をうけたりといふ事をきかず、一生すぎやすし。いまにいたりてたれか百年の形體をたもつべきや。我やさき人やさき、けふともしらずあすともしらず、をくれさきだつ人はもとのしづくすゑの露よりもしげしといへり。されば朝には紅顔ありて夕には白骨となれる身なり。すでに无常の風きたりぬれば、すなはちふたつのまなこたちまちにとぢ、ひとつのいきながくたえぬれば、紅顔むなしく變じて桃李のよそほひをうしなひぬるときは、六親眷屬あつまりてなげきかなしめども、更にその甲斐あるべからず。さてしもあるべき事ならねばとて、野外にをくりて夜半のけぶりとなしはてぬれば、たゞ白骨のみぞのこれり。あはれといふも中々をろかなり。されば人間のはかなき事は老少不定のさかひなれば、たれの人もはやく後生の一大事を心にかけて、阿彌陀佛をふかくたのみまいらせて、念佛まうすべきものなり。あなかしこ、あなかしこ。

六—五　参考『唯信鈔』（聖覚）—後鳥羽上皇の浄土願生に決定的な影響を与えた書

（『浄土真宗聖典全書』二宗祖篇上一〇八三頁）
（『註釈版』一三三五頁）

唯信鈔

安居院法印聖覺作

夫生死をはなれ佛道をならむとおもはむに、ふたつのみちあるべし。ひとつには聖道門、ふたつには浄土門なり。（中略）

よの人つねにいはく、佛の願を信ぜざるにはあらざれども、わがみのほどをはからふに、罪障のつもれることはおほく、善心のおこることはすくなし。こゝろつねに散亂して一心をうることかたし。身とこしなへに懈怠にして精進なることなし。佛の願ふかしといふとも、いかでかこのみをむかへたまはむと。このおもひまことにかしこきににたり、憍慢をおこさず高貢のこゝろなし。しかはあれども、佛の不思議力をうたがふとがあり。佛いかばかりのちからましますとしりてか、罪惡のみなればすくわれがたしとおもふべき。（後略）

資料篇 七

『歎異抄』記載の「聖教目録」との関係資料

七―一 『浄典目録』（存覚）に『歎異抄』の記載なし

（『浄土真宗聖典全書』六補遺篇八三二頁）

七―二 『聖教目録聞書』（実悟）に「歎異抄一巻」の初記載

（『浄土真宗聖典全書』六補遺篇一一八二頁）

「浄土見聞集 上下 二
教化集 女人事 一巻
浄土文類集一
歎異抄一巻
最要抄一巻
一心帰西鈔一巻
法語一帖
浄土法門見聞集一巻
辨述名體鈔一巻
一念多念證文一巻
一念多念文意一巻
後世物語聞書一巻
略論安樂浄土義一巻
持心記一巻」

七―三 『歎異抄』記載の聖教目録は次記の年表に記載

資料篇　八

覚如上人・蓮如上人と『歎異抄』との関係の略年表

（『歎異抄』記載の聖教目録を含む）歴史的事実と『歎異抄』との関係を織りまぜて記述

一一七三	承安三年	親鸞聖人御降誕
一二〇七	承元元年	承元の法難　親鸞聖人三五才、越後に流罪。法然は土佐へ。四人の兄弟弟子死罪。以後「愚禿親鸞」と名告る。 流罪の勅免後、家族と共に関東へ。
一二二一	承久三年	後鳥羽上皇、隠岐の島へ流罪（承久の乱）。この時、親鸞聖人四九才。 聖覚『唯信鈔』執筆（上皇の請に応じて、罪深き者を救う阿弥陀仏の慈悲を伝える）。 聖覚、以前宮中で法然の浄土教を説いたことあり。親鸞聖人、法然の師命を受け、その聖覚に選択本願念仏の神髄を語る　（『口伝鈔』第一条） この『唯信鈔』が後鳥羽上皇の『無常講式』、親鸞聖人の『教行信証』執筆に多大な影響。
一二二二	貞応元年	源輔時（唯円）誕生か。父小野宮禅念に従い法然の教えに親しむ。
一二二四	元仁元年	親鸞聖人五二才　『教行信証』執筆。浄土真宗を立教開宗。
一二三二	貞永元年	親鸞聖人六〇才

西暦	和暦	事項
一二三九	仁治元年	親鸞聖人六二・三才頃　関東より帰洛
		後鳥羽上皇崩御。その直前に阿弥陀仏の救いを熱望し『無常講式』を執筆。一九一六・大正五年、仁和寺で六七七年ぶりに『無常講式』の書写本が再発見される。
		源輔時一九才、この頃、親鸞聖人に弟子入りし「唯円」となる。
		親鸞聖人の膝下で善鸞、如信、唯円達が浄土真宗を学ぶ。
一二四九	建長元年	親鸞聖人の晩年、関東に造悪無碍が横行。念仏弾圧の危機高まる。
		建長の頃　親鸞聖人、造悪無碍に対処するために善鸞を関東に派遣される。
		善鸞、病気直し等の善行「符術」で鎌倉幕府要人や民心を掴む。
		善鸞、造悪無碍による弾圧を避けるため、善で有益な教団形成を目指す。
一二五三	建長五年	四月、日蓮、鎌倉で「念仏無間」等の四ヶ格言で折伏開始。
一二五四	建長六年	親鸞聖人八二才、『二河白道の比喩』述べ書きを茨城県照願寺へ授与。
一二五六	康元元年	蓮位、親鸞聖人を「大慈阿弥陀仏」と聖徳太子が敬礼する霊夢を見る。
		親鸞聖人八四才、善鸞義絶と伝わる。
一二五七	正嘉元年	聖人八五才、正嘉の大飢饉、天候不順、大地震、疫病蔓延。
一二六〇	文応元年	親鸞聖人八八才

同年七月、日蓮、『立正安国論』を鎌倉幕府に提出。四ヶ格言で、正嘉の大飢饉や天変地異は誤った信仰に原因と論難。特に法然『選択集』を批判。

同年八月、一部の念仏者大激怒

同年一一月初旬、常陸国奥郡の乗信坊などの門弟たち、上洛。　＝『歎異抄』第二条

日蓮の「人間がする救済活動」に対して、浄土真宗は阿弥陀仏御自身の救済活動であり、あらゆる人の苦悩の流転輪廻を断ちきり、証りを開かせる教えと、親鸞聖人が本質を述べる。　＝『歎異抄』第一条

「念仏無間」の論難に対して、その地獄一定の者を救う阿弥陀仏の慈悲。それ程の、末とおった救いが浄土真宗と述ぶ。　＝『歎異抄』第三条～第八条

信楽坊、念仏者の慈悲行を主張して中途離脱。関東（善鸞の下）へ帰国　＝『口伝鈔』第六条に詳述。（『歎異抄』第六条）

同年一一月一三日、親鸞聖人、乗信坊の関東帰国前日、対話をまとめた書簡を授与。　＝『歎異抄』第二条と同背景、同趣旨

同年一一月一三日、乗信坊への書簡授与直後、親鸞聖人と唯円との対話　＝『歎異抄』第九条

一二六二	弘長二年	親鸞聖人九〇才還浄、 一一月二八日（新暦では一二六三年一月一六日）親鸞聖人、浄土へ還帰

		季娘覚信尼、越後の母親恵信尼に聖人還浄を報告。 恵信尼は覚信尼へ書簡で返信。 ・親鸞聖人の比叡山修行、法然との邂逅、観世音菩薩の化身という霊夢等の内容。 ・この『恵信尼消息』を、覚如が『口伝鈔』第一二条で紹介する。だが、私信故に日野家に私蔵される。それ故、行方不明となり、実在が疑問視される。 実に約七百年後の一九二一年大正一〇年　本願寺宝庫より実物発見される。
一二六六	文永三年	覚信尼と小野宮禅念（源具親）との間に、唯善が誕生。
一二七〇	文永七年	覚如誕生
一二七二	文永九年	覚信尼、禅念の土地に聖人の大谷廟堂建立。その後、土地を教団に寄付して、初代大谷廟堂の留守職に就任。 その間、関東にて、善鸞の「符術」教団が隆盛に
一二八七	弘安一〇年	一一月一九日 覚如一八才、如信五三才から「釈迦・弥陀の教行を面受」、「他力摂生の信証を口伝」される。 この時、如信、唯円の「法文」（『歎異抄』原本）を覚如に仲介。 ＝『慕帰絵詞』第三巻第三段

一二八八	正応元年	覚如一九才　上洛した唯円六七才から「不審の法文」（『歎異抄』原本）の真意を聞く。覚如、善鸞「符術」教団に対抗する正意の教団興隆の依頼を受託。
一二八九	正応二年	唯円、往生
一二九〇～ 一二九二	正応三年～ 同五年	覚如二一才～二三才、関東を巡錫。親鸞聖人の事跡を尋ねる。信楽坊とも対談。 ＝『歎異抄』第六条の事情を聞き、『口伝鈔』第六条に記述。 覚如、相州余綾山中（神奈川県小田原市近辺）や常陸で善鸞「符術」の実情を身を以て知り、浄土真宗の興隆を決意し、帰洛後、宗主に就任。 ＝『慕帰絵』第四巻・『最須敬重絵詞』第五巻 覚如、関東巡錫中に、善鸞と鎌倉幕府第九代北条貞時との相模国余綾での同道を目撃。 又、更に、常陸小田城の総領・守護知頼の鹿島神宮参拝への善鸞の同道を目撃。
一二九一	正応四年	性海、平頼綱（鎌倉第九代北条貞時の乳父）の援護を受けて、板東本を底本に『教行信証』を最初に開版。尚、鎌倉周辺に真宗寺院多数存在。 （鎌倉幕府要人北条貞時や平頼綱への念仏浸透は、善鸞の努力の成果か。）
一二九四	永仁二年	覚如二五才、帰洛の翌年、親鸞聖人三三回忌に『報恩講私記』著述

一二九五	永仁三年	覚如二六才、『善信上人絵』を著述。（後に『本願寺上人親鸞伝絵』に名称変更。更に『御伝鈔』・『御絵伝』の二つに分離。） （この永仁本『御伝鈔』には「浄土より来生の聖人」感得の蓮位夢想や定禅法橋夢想はない。）
一三三一	元弘元年 元徳三年	覚如、六二才『口伝鈔』口授。この中に「法文」（『歎異抄』原本）の言葉を多く記す）。特に第六条に「親鸞は弟子一人ももたず」を紹介。 覚如は、如信の相伝、唯円の相伝、法文（『歎異抄』原本）の素晴らしさを絶讃。
一三三二	元弘二年 元徳四年	覚如、六三才、大谷廟堂に勅願によって、本願寺寺号獲得。
一三三七	延元二年 建武四年	覚如六八才『改邪鈔』を著す。この中に「法文」（『歎異抄』原本）の言葉を引用。特に第六条に親鸞聖人の「某は弟子一人ももたず」を紹介。覚如は六二才の『口伝鈔』の時と同様に、如信の相伝、唯円の相伝、法文（『歎異抄』原本）の素晴らしさを述懐。
一三四三	興国四年 康永二年	覚如七四才『御伝鈔』を重修。この中に「浄土より来生の聖人」感得の蓮位夢想や定禅法橋夢想を挿入。
一三五一	正平六年 観応二年	一月一九日　覚如八二才遷化。 同年一〇月三〇日、従覚・存覚・乗専等によって覚如伝記の『慕帰絵』完成。 この伝記と翌年の乗専の伝記『最須敬重絵詞』に、覚如上人が唯円大徳より相伝した「法文」（『歎異抄』原本）の素晴らしさを述懐していたことや、善鸞符術のことを記す。

		その後、「法文」（『歎異抄』原本）は私信故に『恵信尼消息』同様、日野家に私蔵。蓮如上人の再発見まで所在不明。
一三五二	正平七年 文和元年	一〇月一九日　乗専、更に覚如の伝記『最須敬重絵詞』を著す。
一三五六	正平一一年 延文元年	存覚六七才の『存覚法語』に後鳥羽上皇の『無常講式』の一部引用。
一三六二	正平一七年 貞治元年	・存覚の『浄典目録』。この中に『歎異抄』は、私信故に記載されず。
一四一五	応永二二年	二月二五日　蓮如上人、御誕生。
一四二〇	応永二七年	一二月二八日　蓮如上人生母、大谷本願寺より身を引く。生母の「聖人の御一流再興したまへ」の言葉に上人回心。
一四三〇	永享元年	蓮如上人一五才、「真宗興行の志」を立てる。 （浄土真宗という教えの興行であり、本願寺興行ではない）
一四五七	長禄元年	蓮如上人四三才、本願寺第八代継職。
一四六一	寛正二年	蓮如上人四七才、親鸞聖人二百回大遠忌の年。同年正月・二月　洛中の餓死者八万二千人。 蓮如上人、弘教の決意を一層固める。 同年三月　蓮如上人、最初の御文章を発布。 この頃、「法文」（『歎異抄』原本）の本文を書写か。 同年七月　近江安養寺浄性に『教行信証』述べ書き授与。

		蓮如上人、唯円や「法文」(『歎異抄』原本)の扱いは、他宗他派の仮名聖教との混同を避けて、覚如上人の対応を遵守。つまり、覚如著述『口伝鈔』『改邪鈔』、覚如伝記『慕帰絵』等を書写し伝授。これらの伝授で唯円や「法文」(『歎異抄』原本)伝来の経緯や内容を紹介。その「法文」に重視する「たのむ」を用いて，信心の内容を説き、念仏の心を開示する。
一四六五	寛正六年	東山大谷本願寺が破却される。その後、避難先の堅田も炎上。
一四六七	応仁元年	応仁の大乱始まる。
一四七一	文明三年	上人五七才越前吉崎へ進出。 同年七月一五日付け「書簡」発布。この中に「親鸞は弟子一人ももたず」を紹介。 この書簡は後世に五帖八〇通の第一帖目第一通に配置される。 同年　七月二七日、吉崎坊舎完成。 蓮如上人　格言のように「親鸞は弟子一人ももたず」を述ぶ。(『空善聞書』第一〇一条)。
一四八三	明応元年	五月　蓮如上人六九才　長男順如逝去。日野家伝来の私信「法文」(『歎異抄』原本)の「一子相伝」を教団中枢部僧侶へ伝授する方針へと変換。この時、私信である「法文」を編集し『歎異抄』へ聖教化したか。　＝『歎異抄』蓮如本の表紙 八月　山科本願寺完成。
一四八六	明応四年	蓮如上人『白骨の御文章』書く。『存覚法語』から後鳥羽上皇の『無常講式』の一部を引用。

一四八七	明応五年	蓮如上人七五才、南殿に移る。
		蓮如上人七六才、譲り状を記す。蓮如上人五男実如、第九代本願寺宗主へ。
		蓮如上人、実如に、私信の「法文」を『歎異抄』へと聖教化していたが、更に、「当流大事の聖教」なので、忘れずに、慎重に教団中枢部の僧侶に伝授せよと、記す。つまり、第九代実如に『歎異抄』の公開を委託・指示し、『歎異抄』を解き放つ。＝『歎異抄』蓮如本の上人奥書
一四九九年	明応八年	蓮如上人八五才遷化。
一五一一	永正八年	第九代実如五四才、親鸞聖人二五〇回大遠忌法要。
		実如、『歎異抄』公開伝授を実行か。
一五一六	永正一三年	『歎異抄』書写される―『専精寺本』。（各条文に通し番号なし）
一五一九	永正一六年	『歎異抄』書写される―『端の坊本』。（通し番号あり。聖教の認識深まる）
一五二〇	永正一七年	実悟『真宗聖教目録聞書』に「歎異抄一巻」と記述。
		この記述で、『歎異抄』は浄土真宗教団に正式に聖教と認められる。
		だが、同時に実悟の「歎異抄一巻」によって、『歎異抄』原本が私信であることや蓮如上人の聖教化の経緯が不明となる。つまり、蓮如上人ご指南「歎異抄一通」や『慕帰絵』絵図の文箱の意味が不明となり、蓮如上人御指南素通りの解釈が重なっていく。

尚、年時不詳の同じ室町時代の『歎異抄』書写本、左記の五本が確認されている。つまり、同書は蓮如上人の奥書の御指南どおりに教団の中心的な僧侶群に公開伝授されている。

(『歎異抄』が禁書だったという歴史的事実はない！)

一　兵庫県摂津の豪摂寺本『歎異抄』
二　大阪府河内の光徳寺本『歎異抄』
三　大阪市の妙琳寺本『歎異抄』
四　龍谷大学所蔵本『歎異抄』
五　大谷大学所蔵本『歎異抄』

一六〇三		江戸時代となる。

＊『歎異抄』の刊行

書写という個人的な相承から、一挙に一般へ無制限の公開へ。

一六六二	寛文二年	円智『歎異抄私記』の刊行
一六九一	元禄四年	『歎異抄』本文の刊行
一七〇一	元禄一四年	『首書歎異抄』の刊行

＊教団規模の『歎異抄』の刊行

一七六一	宝暦一一年	本願寺派、親鸞聖人五百回大遠忌法要
一七六六	明和三年	同法要記念に『真宗法要』（この中に『歎異抄』所収）を刊行 中国山地中央部の筆者の寺にも『真宗法要』を所蔵。
一八一一	文化八年	真宗大谷派、親鸞聖人五百五十回大遠忌法要 同法要記念出版に『真宗仮名聖教』（『歎異抄』所収）の刊行
		＊この東西本願寺での『歎異抄』開版は全国的規模。禁書の事実は全くなし。

＊僧侶の専門的な研究書や講録。更に『歎異抄』の名前を記した聖教目録多数

一六二四	寛永元年	一雄『真宗正依典籍集』
一七一八	享保三年	知空『真宗録外聖教目録』
一七二一	同六年	恵空『仮名聖教目録』
一七二七	同一二年	性海『高宮聖教目録』
一七二九	同一四年	月筌『月筌聖教目録』
一七四〇	元文五年	寿国『歎異抄可笑記』

一七四九	寛延二年	僧鎔『真宗法彙目録』
一七五三	宝暦三年	先啓『浄土真宗聖教目録』
一七六七	明和四年	慧琳『和語聖教目録』
一七八二	天明二年	玄智『浄土真宗教典志』（『歎異抄』著者唯円説があることを紹介）
一七八八		玄智『大谷本願寺通紀』（『歎異抄』に唯円と聖人との対話あって、著者唯円説があると紹介）
一八一一	文化八年	履善『校補真宗法要典拠』「拾遺」（この中で、以前、唯円説を玄智に語ったと履善が記述）
一八一七	文化一四年	深励『歎異抄講林記』
一八二八	文政一一年	了祥『歎異抄耳飡』
一八四二	天保一三年	了祥『歎異抄聞記』（了祥はこの講録で、玄智『浄土真宗教典史』に唯円著者説ありと紹介して、綿密な論証で「直聞直記の唯円説」を展開）
一九〇八	明治四一年	天保一三年（一八四二）時の了祥『歎異抄聞記』を改めて刊行。（この刊行で『歎異抄』著者唯円説が拡大し浸透） ・蓮元慈広『歎異抄講義』で『歎異抄』著者唯円説に猛反発。（覚如の「三代伝持の血脈」に於ける如信の第二代功績を擁護」）

		・大谷派にて清沢満之以下暁烏敏や近角常観などの師弟が了祥の講録『歎異抄聞記』に触発されて『歎異抄』への論及を活発化。 （だが、蓮如上人御指南を素通りした解説が多数連続する。）
一九一六	大正五年	和田英松、後鳥羽上皇『無常講式』を仁和寺で発見。
一九二一	大正十年	鷲尾教導、『恵信尼消息』を本願寺宝庫で発見。 ・蓮如上人『歎異抄』禁書説（梅原猛、山折哲雄、井沢元彦など）の流布。
一九九八	平成一〇年	蓮如上人五百回遠忌法要 （即如御門主、蓮如上人『歎異抄』禁書ぬれぎぬと言及。だが、議論深まらず）
二〇〇〇	平成一二年	第三十六回龍谷教学会議・覚如上人六百五十回忌記念大会 筆者、同大会と『龍谷教学』に「歎異抄の受託者・覚如上人」発表
二〇〇一	平成一三年	八月　筆者、『歎異抄再発見への道』出版。 （蓮如上人『歎異抄』聖教化説を発表。『歎異抄』禁書説に反論）
二〇一一	平成二三年	親鸞聖人七百五十回大遠忌法要
二〇一三	平成二五年	筆者、『歎異抄の真意と原形』出版。
二〇二二	令和四年	筆者、本書『歎異抄受託の覚如　聖教化解放の蓮如』出版
二〇二三	令和五年	親鸞聖人御生誕八百五十年、立教開宗七百五十年大法要

後　記

筆者は五十数年前の龍谷大学学生時代、真宗教団を伝道教団、教化者教団、制度化教団、遺制教団と分類した論文に衝撃を受け思わず涙しました。これから浄土真宗を学び今から生きる教団が、又、実家真光寺の両親大原義峯・静子が命懸けで寺院活動をした教団が制度のみが遺る遺制教団とは！　何と言うことかと。

実父ははやく両親に死に別れ、学生時代に住職になり結婚しました。そして、長男病没の悲しみの中に招集され被弾し瀕死の重傷を負いました。住職が戦場へ行くことには議論がありましょう。だが、それは「業縁」です。そして、思うのです。住職が戦地で死傷したことで、戦病没者遺族門徒と、もっと言えば民衆全体と心が通じた、と。

過日、島倉千代子歌う「しんらんさま」作曲の古関裕而のドラマで、恩師が戦場で銃撃され家族を思いつつ絶命する場面がありました。私は中国大陸の戦地で重傷を負った父の心中を思い震えました。その後、寺は浜田連隊の葬儀会場ゆえ、実父は逆に多くの白木の箱を手渡しました。又、右下腹部を貫通した戦傷で右大腿骨上部が砕け右足が短くなり、痛む足をひきずり山間部の報恩講参りをし、一人住職でも本山にならい厳冬の七昼夜の御正忌報恩講を勤めてきました。そして、

「雪のみ座　よき同行の　あればこそ」

の句を残し、蓮如上人五百回遠忌の平成一〇年に享年八八才で浄土往生致しました。

又、実母は戦傷の住職を支え、坊守として戦中戦後の寺院活動に昼夜走り回り、九人の子供を産み育ててくれました。そして、昭和三六年の二月に、三月からの宗祖七百回大遠忌法要の本山総会所第一席の法話、本堂大法要出勤の夫の姿も、一人の孫の顔も見ず、享年四六才で浄土往生の素懐を遂げました。枕元に子供達を集め、「仏の子供」を歌わせ、「お念仏を大切にしなさいよ。お浄土で待っているからね」と告げて。

そんな両親から、私は昭和二三年、寺の蓮如上人四百五十回遠忌法要の真最中に生を受け、継母六花子の後押しも得て龍谷大学で学び、二四才で妙延寺の住職となりました。そして、養母喜美や寺族の理解を得て博士課程・宗学院と毎週夜行列車で通っ

て学び、仏祖や良き伴侶の支えを得て四六年間の住職を勤めました。又、現在も、この寺の先代住職尾野敏が宗祖七百回大遠忌記念事業で発願し、その遺志を命がけで坊守が継いだ高齢者福祉施設の理事長をしています。お陰さまです。

本願寺教団は聖人が御本典に「心を弘誓の仏地に樹つ」と言われたように、阿弥陀仏の弘誓の仏地の上に成長した「大樹の教団」です。大樹なので堅い幹や根もあり、両親の一生も私の活動もその一部です。ですが、その根は深く張り、堅い幹の中には豊かな法水が通い、一年ごとに念仏者という年輪を充実させているのです。そう、幼少時ご来山頂いた第二三代勝如上人が大戦前後の長い門主時代を振りかえり、

「時代がかわっても、本願寺門主として巡教をつづける私の姿勢は変わらなかった。いや、私が変わらなかっただけではない。お念仏を喜ぶ人びとの風儀がすこしも変わらなかったのである。伝統の力であろう。七百年、祖師聖人から伝えられたお念仏の伝統はこれほどの世の激動期にも、ゆるぎもしなかった。」（『法縁』）

と書かれたように、教団は弘誓の仏地に「遺弟の念力」で成長した「念仏の大樹」です。

今回、皆さまからは一人よがりと思うような拙論を述べました。地方住職の考察ゆえ致し方ないことですが、最高の善知識蓮如上人の御指南を直接頂いたところは考慮頂ける価値があるものと存じます。

『歎異抄』禁書説は「親鸞は弟子一人ももたず」の素晴らしさに心酔し、誤解を重ねたものと思います。遺制教団説もこの影響が大きいと感じます。

今回は僧侶用の解説書ですが、どうか、『歎異抄』禁書説が早く終結し、住職方が御門徒さんとの『歎異抄』輪読会を自信を持って開催し、両上人のご苦労とご遺徳を皆さんと共に感謝、讃嘆する日が来ますように念じています。

最後に、多くの師恩は勿論、体調不良ゆえ病院で拙文をまとめることを支えてくれた前坊守素子や義顕・里奈住職夫妻、応援してくれた大原孝見・慈子、星月光生・慧子の娘達夫妻に感謝し擱筆します。

南無阿弥陀仏

令和三年（二〇二一）一一月二八日（旧暦の親鸞聖人還浄の日）

著者紹介

尾野義宗

昭和23年（1948）10月25日　島根県浜田市真光寺第一六代大原義峯、坊守静子の第七子として出生。養母六花子（ゆきこ）。

現在　広島県庄原市尾引町　浄土真宗本願寺派尾野山妙延寺第二〇代・前住職
社会福祉法人相扶会（養護老人ホーム寿園、特別養護老人ホーム相扶園）理事長

学歴　昭和52年　龍谷大学真宗学博士課程単位取得依願退学
昭和55年　本願寺派宗学院卒業

学位　文学修士　輔教（浄土真宗本願寺派学階）

経歴　龍谷大学短期大学部専攻科非常勤講師
浄土真宗本願寺派聖典編纂委員会委員
白鵠会（備後教区青年僧侶の会）代表
広島県社会福祉施設青年経営者会会長　など

著書　『歎異抄再発見への道』『歎異抄の真意と原形』（永田文昌堂）
『法味愛楽』（法話集刊行会）
愚問会法話集『念仏の日暮らし』『大悲のいのち』『大悲のちかい』『野石に花咲く』。更に『大原義峯傘寿記念　一流章』（以上、永田文昌堂）白鵠会『こころのお見舞い』（本願寺出版社）などに法話
雲藤義道先生喜寿記念論文集『宗教的真理と現代』（教育新潮社）に論文

歎異抄受託の覚如　聖教化解放の蓮如

令和四（二〇二二）年十一月二八日　第一刷発行

著者　尾野義宗
発行者　永田悟
印刷所　㈱図書印刷同朋舎
製本所　㈱吉田三誠堂
発行所　永田文昌堂
600-8342　京都市下京区花屋町通西洞院西入
電話　〇七五（三七一）六六五一番
FAX　〇七五（三五一）九〇三一番

ISBN 978-4-8162-4059-1 C3015